丛书主编◎鞠远方　林媛媛

幼儿园课程生活化教研探索丛书

和孩子们一起幸福地过日子：
守护幼儿的愿望

本书主编◎吴群英　郑净楣

海峡出版发行集团 | 福建教育出版社

图书在版编目（CIP）数据

和孩子们一起幸福地过日子.守护幼儿的愿望/吴群英，郑净楣主编.—福州：福建教育出版社，2025.3.—（幼儿园课程生活化教研探索丛书/鞠远方，林媛媛主编）.—ISBN 978-7-5334-9993-8

Ⅰ.G612

中国国家版本馆CIP数据核字第20242MF838号

幼儿园课程生活化教研探索丛书
丛书主编　鞠远方　林媛媛
He Haizimen Yiqi Xingfu De Guo Rizi：Shouhu You'er De Yuanwang

和孩子们一起幸福地过日子：守护幼儿的愿望
本书主编　吴群英　郑净楣

出版发行	福建教育出版社
	（福州市梦山路27号　邮编：350025　网址：www.fep.com.cn
	编辑部电话：0591-83763162
	发行部电话：0591-83721876　87115073　010-62024258）
出 版 人	江金辉
印　　刷	福建新华联合印务集团有限公司
	（福州市晋安区福兴大道42号　邮编：350014）
开　　本	710毫米×1000毫米　1/16
印　　张	8.5
字　　数	113千字
插　　页	1
版　　次	2025年3月第1版　2025年3月第1次印刷
书　　号	ISBN 978-7-5334-9993-8
定　　价	35.00元

如发现本书印装质量问题，请向本社出版科（电话：0591-83726019）调换。

编 委 会

丛书主编：鞠远方　林媛媛

本书主编：吴群英　郑净楣

编　　委：苏海云　黄玉琼　李晓红　黄丽燕　颜瑞云
　　　　　　张阿蓝　王明雅　卓玉玲　庄文珍　黄培贝
　　　　　　翁秋悦　王珊珊　郑小玲　林盈治　吴一婷

序

　　生活化是幼儿园课程的基本特征，是幼儿园课程改革的基本命题。2018年起，福建省普通教育教学研究室幼教科正式启动幼儿园课程生活化的课改行动，以福建省幼儿教育研究基地园培育项目为抓手，引领数十所省级幼儿教育研究基地开展有主题、有目标、有结构的行动研究，致力于通过课程生活化来深化福建省幼儿园课程内涵，形成具有科学性、创新性、可推广性的闽派幼儿园课程改革成果。

　　为进一步触发教育实践工作者的反思与超越，2020年底，福建省普通教育教学研究室幼教科通过与众多专家的探讨，最终提出了"和孩子们一起幸福地过日子"这一课改思想，它直接、鲜明地凝练出了幼儿园课程生活化改革的实践期许，也反映全体项目组园所对初心、目的、过程的共识。

"幸福"强调生活与教育的终极意义

　　幸福是人类生活的永恒情结和人类发展的原动力。因此，幸福应当成为教育的基本使命，是落实课程生活化的起点与归宿。必须确信，教师之于幼儿幸福是可为的，亦是负有使命的：教师需要也应当让幼儿感受到生活过程的幸福，让幼儿感受到生活真理不断敞亮的幸福，让幼儿感受到生命智慧渐次启迪中的幸福。

　　幸福并非抽象、虚无的，它会落脚在具体的生活中，落脚在切身的体验中：教师要让幼儿获得"存在感"，使其能"在自己创造的世界中感受做主人的喜悦";教师要让幼儿获得"实现感",使其获得情感的充分释放、经验的充分调配、智慧的充分实践;教师要让幼儿获得"收获感",使其收获友谊、收获进步、收获尊重;教师要让幼儿获得"相遇感",让儿童与儿童相遇,让教师与儿童相遇,使其收获人际间的社交温情、心灵间的相互陪伴。

这些幸福的体验绝不仅生长在童年生活的当下,还会成为一种终身幸福的潜在资本,以其特有的线索、逻辑在儿童生命长河之中融会贯通,滋养灵敏的思维、积极的情操、高尚的品格等,使其拥有真正完整而幸福的人生。

"幸福地"强调教育过程中的情感向度

幼儿在园生活中表露的外显情感需要被教师所"在意",那些潜藏的内隐情感需要教师在师幼共处的点滴中持续维护与滋养。若隐蔽了情感,幼儿的生活将被机械的知识和冰冷的问题裹挟,缺失心灵之间的相互慰藉和抵达,原生的善意和美好将难以获得滋养。

追寻情感向度,需要教师从对"课程怎么做"的焦虑与目的中有意地抽离,走进幼儿的情感世界,给予儿童高质量的爱,即一种基于情感与关系的灵魂深处的陪伴与支持。

"和孩子们一起"强调教师要积极去和幼儿交往

教师是幼儿成长的重要他人,教师的言行举止不仅是教育影响的重要内容,亦是幼儿在其实际生活中十分在意的内容。一个优秀的教师,必然是幼儿渴望交往的对象;一个优秀的教师,必然热衷且善于与幼儿交往。

为此,与儿童日常相处的教师,应当真正地成为儿童的成长伙伴,他们愿意与儿童交往、善于与儿童交往、享受与儿童交往,并能通过积极的交往让儿童获得愉悦的体验、智慧的启迪、人格的滋养。

研究团队持续研究和学习如何与幼儿交往、如何积极地与幼儿交往,让师幼双方在彼此信任、敞开自我的心境之下,共同营造独特而幸福的生活样态。十分庆幸，在多年的努力下，教师慢慢地在"退"与"进"中重拾信心和底气，人际间的"人情味"越来越足，师幼关系愈加和谐融洽，师幼双方共同朝着幸福与美好同行。

"过日子"强调生活的价值以及"生活化"的实践要义

"过日子"是人们对生活展开过程的最朴素的描绘。课程的生活化就是强调让教育的过程还原到生活的本真，让课程自然地落脚在儿童的生活和行动里：它不需要教师为呈现与众不同的"优质课程"而绞尽脑汁地设计课程，而是需要教师在与儿童的共同生活中不断思考"儿童需要我们做些什么"，从而从容、自然地生发课程，以此助力儿童更加投入地解决问题、建构经验，让儿童因为课程的实施而更加亲近、受益于自己的生活。

可见，实施高质量生活化课程的关键在于教师要支持儿童以儿童的节奏、儿童的方式去过儿童想过且有价值的生活。我们也正为此而不断地修炼看待生活、看待课程的态度和眼光：在课程实施的过程中能够更敏锐地观察生活，利用生活；在课程实施的过程中能以更高位的视角看待生活，敬畏生活；在课程实施的过程中以更虔诚的态度，让课程服务生活；在课程实践中，继续努力实现儿童经验本位与儿童发展本位，让幼儿的潜能得到更充分的发挥。

"和孩子们一起幸福地过日子"是对"教育者姿态"的反思与追寻

"和孩子们一起幸福地过日子"是对教师工作实践状态的期许。在教育与教研实践中，我们常常困扰于教师的观念、教师的行事，却很少真正站在课程主体的立场上思考，究竟幼儿喜欢的教师是什么样的，究竟幼儿希望我们怎样与他们相处。

作为陪伴幼儿成长的关键他人，"教育者姿态"是幼儿所关切的。教师应当是一个能够让幼儿感受到信任、自在、快乐的人。首先，必须要"有趣"，要读得懂幼儿的快乐才能与幼儿一起创造和享受快乐；其次，必须要"有爱"，在幼儿受到误解、否定、轻视的时候，能够理解，能够欣赏，能够给予光亮，让幼儿感到和教师在一起的松快；再次，要"有胸怀"，知进退、大格局、不冲动妄为，不斤斤计较，让幼儿放松地表露真情实感；最后，要"有智慧"，敏于洞悉、善于点拨、慧心巧思，能够在幼儿漫漫的在园时光中，使智慧得到徐徐点亮。

我们希望教师能够在教育生活中时刻保持对"我是什么样的人""我以何姿态与幼儿相处"的敏感，去端正和优化自身的姿态，扪心自问、客观评价：我们是否被幼儿认知为这样的人，这样基于儿童视角的美好的人。

总而言之，"和孩子们一起幸福地过日子"是希望教师以美好的心灵、美好的姿态去与幼儿交往，在鲜活的共同生活中珍视一切有价值的真实发生，自觉关心儿童生活世界的"色调"和"纹理"，用真挚的情感与情谊"以情化育"，以积极的价值观和支持力润泽儿童的生长过程，成就幼儿幸福的童年体验以及终身幸福的潜力，而教师也能从中收获幸福的反哺，与儿童幸福共生。

尽管目前的研究和成果离这一期许还有一定距离，但这些年，福建省幼儿教育研究基地园展现出了热切的教育情怀、积极的教研状态，成为了福建幼教团体中一股备受瞩目且激奋人心的力量。他们基于本园课程基础，选取不同研究点进行了扎实的研究，努力实现对"和孩子们一起幸福地过日子"这一主张的实践诠释：他们各自围绕研究内容提出了一个简明的实践主张，生成了多个温暖、幸福的课程故事，还梳理了丰富多元的实践策略以说明、启示如何让主张实现于课程实践。这些成果为幼儿园落实课程生活化提供了鲜活的样本和工具。截至2023年，我们的研究已孵化出如下成果：福建幼儿师范高等专科学校附属第一幼儿园《"有温度"的幼儿园食育》、福建省莆田市荔城区第二实验幼儿园《温暖的师幼闲聊》、福建省厦门市莲云幼儿园《创"有意思"的幼儿园环境》、福建省福安市第二实验幼儿园《看见幼儿生活中的课程资源》、福建省晋江市池店镇桥南中心幼儿园《守护幼儿的愿望》。此外，另有二十余所幼儿园正在努力进行实践探索、孵化成果，有待后续推进。

在此丛书出版之际，首先，感谢福建省普通教育教学研究室郑云清主任对幼教工作的鼎力支持与关怀，让本项课题研究有底气、有平台、有动力；其次，感谢南京师范大学虞永平教授、许卓娅教授，福建师范大学林菁教授、吴荔红教授、孟迎芳教授、张玉敏博士对本项研究直接或间接的指导，以及各地市幼教教研员在属地基地园研究过程中给予的专业推进，这些专业引领是支持研究团队不断前行的力量；再次，感谢三年多来一起同行的基地园单位，从八闽各地因美好的情怀走到一起，在"真研究"的历程中付出了极大的心血，终以赤诚的信念孵化出了丰硕的成果，幼儿园的信任和努力激励我们继续开拓进取；最后，感谢福建教育出版社以丛书的形式支持基地园成果的出版，这对整个研究团队、对基地园所而言都是莫大的鼓励，也使福建省普教室幼教科有关课程改革的行动实现了更大范围的辐射推广。感激之情浓浓，难言尽。

本套丛书的出版，是一种激励，更是一种鞭策。我们会继续不懈努力，在课程改革的进程中持续深思与优化教育观、儿童观、课程观，以生活为载体、以幸福为基调，积极追寻、努力实现"和孩子们一起幸福地过日子"！

前 言

  幼儿园的课程改革在不断追求让幼儿在幼儿园里享受更高质量的成长生活——一种幼儿想要的、喜欢的、能主动投入的，对他们生命成长有帮助、有促进、有重要意义的，能让他们体验身心愉悦的童年生活。在现实教育中，教师常常仅片面关注幼儿外显的兴趣、需要，而忽略了隐藏在幼儿内心世界的真实愿望。当成人有意识地倾听幼儿的真实愿望、努力地守护幼儿的愿望、竭尽所能地帮助幼儿实现愿望时，便会惊喜地发现幼儿的内心世界充满了力量，承载幼儿美好愿望的幼儿园课程将变得更有生命力。

  晋江市池店镇桥南中心幼儿园在福建省普通教育教学研究室"幼儿教育研究基地园"项目的驱动下，基于"和孩子们一起幸福地过日子"的理念，围绕"师幼幸福生活"研究主题，开展"幼儿生活中的愿望及其合宜的课程化实践"的课题研究，对幼儿生活中的愿望类型及其价值进行思辨，探寻愿望课程创生路径，尝试架构合宜课程促进幼儿生命成长，推动教师专业成长，提升幼儿园课程质量。通过反复思辨和研讨，课题组提出"守护幼儿的愿望"这一教育主张，并在实践中不断积累经验、归纳整理、形成成果，最终编写成了《和孩子们一起幸福地过日子：守护幼儿的愿望》一书。

  全书分"理念与策略"和"课程故事"两大部分。"理念与策略"从实践主张、实践意义、实践策略三方面进行阐述，帮助读者认识愿望课程的实践原理，启发读者尊重幼儿的愿望、珍视幼儿的愿望、守护幼儿的愿望，为一线教师提供具象的、可操作的参考。"课程故事"精选 5 个愿望课程故事案例，具体、生动、形象地呈现了愿望课程的开展过程。全书图文并茂，对广大幼儿教育工作者具有较强的指导和借鉴意义。

本书由吴群英、郑净楣主编，参编人员：苏海云、黄玉琼、李晓红、黄丽燕、颜瑞云、张阿蓝、王明雅、卓玉玲、庄文珍、黄培贝、翁秋悦、王珊珊、郑小玲、林盈治、吴一婷。

本书在编写过程中参考、引用了许多学者的研究成果，在此一并表示衷心的感谢。

编者

目录

理念与策略

第一章 实践主张：守护幼儿的愿望 ······ 3
第一节 认识实践主张——守护幼儿的愿望 ······ 3
（一）提出背景 ······ 3
（二）内涵诠释 ······ 4
（三）实施路径 ······ 6
（四）实施原则 ······ 14
第二节 "守护幼儿的愿望"的实践意义 ······ 15
（一）幼儿的发展 ······ 15
（二）教师的成长 ······ 17
（三）课程的转变 ······ 18
（四）环境的优化 ······ 19

第二章 "守护幼儿的愿望"的实践策略 ······ 20
第一节 倾听与发现 ······ 20
（一）幸福漫聊 ······ 21
（二）吐槽大会 ······ 22
（三）童心电台 ······ 23
（四）互助心愿池 ······ 24
（五）我的幸运日 ······ 26

（六）100个愿望清单 …………………………… 27
　第二节　行动与实现 ……………………………… 28
　　（一）成长导图 …………………………………… 29
　　（二）行动问题卡 ………………………………… 30
　　（三）愿望故事海报 ……………………………… 31
　　（四）愿望助力帮帮团 …………………………… 33
　　（五）达人派对 …………………………………… 33
　第三节　复盘与留念 ……………………………… 34
　　（一）复盘大会 …………………………………… 35
　　（二）成长修炼手册 ……………………………… 36
　　（三）感恩节 ……………………………………… 37

课程故事

大班课程故事《给幼儿园穿上"花裙子"》 …………… 41

大班课程故事《毕业啦，我想……》 ………………… 61

中班课程故事《闽南下大雪，能实现吗？》 ………… 78

中班课程故事《唱一首我们班的歌》 ………………… 87

中班课程故事《来一场"草坪音乐会"吧！》 ……… 106

理念与策略

第一章　实践主张：守护幼儿的愿望

第一节　认识实践主张——守护幼儿的愿望

（一）提出背景

在与幼儿共同生活的日子里，不难发现，幼儿那些异想天开的愿望，充满着惊喜，充满着童真的味道。教师应尽最大努力守护和满足幼儿美好的愿望，让幼儿获得情绪上的满足、心智上的发展、能力上的提升。

在日常的教育教学中，教师能够有意识地关注幼儿的兴趣，追随幼儿的兴趣生成有意义的生活化课程。但幼儿愿望有别于幼儿兴趣，它更能够凸显幼儿内心的期待与渴望，体现幼儿对生活的向往与追求。教师往往较为关注幼儿兴趣，而缺乏对幼儿愿望的关注与倾听；在与幼儿交流愿望时，常常主观臆断幼儿的所思所想，而忽略了他们内心真实的想法与感受。愿望是幼儿内心真实情感的自然流露，教师对幼儿愿望的关注与珍视，也是教师倾听幼儿、真正走进幼儿内心的行为表现。教师应充分认识到幼儿愿望对幼儿生命成长的价值，帮助幼儿通过自己的努力实现愿望。这不仅仅是相信幼儿、尊重幼儿的表现，更是将童年生活的主导权归还于幼儿的一种课改践行，对于幼儿园建设有活力的且充满生活味的课程是非常有意义的。

因此，从幼儿发展、教师成长、课程建设的角度出发，我们提出"守护幼儿的愿望"这一教育主张。这一主张的提出，是对园本课程建设中儿童观、教育观的审思，它旨在通过将幼儿愿望引入幼儿园课程，实现让幼儿过上高质量幸福生活的教育理想。

（二）内涵诠释

"守护幼儿的愿望"倡导成人尊重、珍视幼儿的愿望，创造机会与条件，让幼儿在实现愿望的历程中收获成长，乐享幸福童年。这是一种希望让幼儿真正自主挑战生活、实现愿望的美好愿景，也是一种彰显幼儿学习主体性的理念，更是一种对幼儿园课程建设的理想追求。

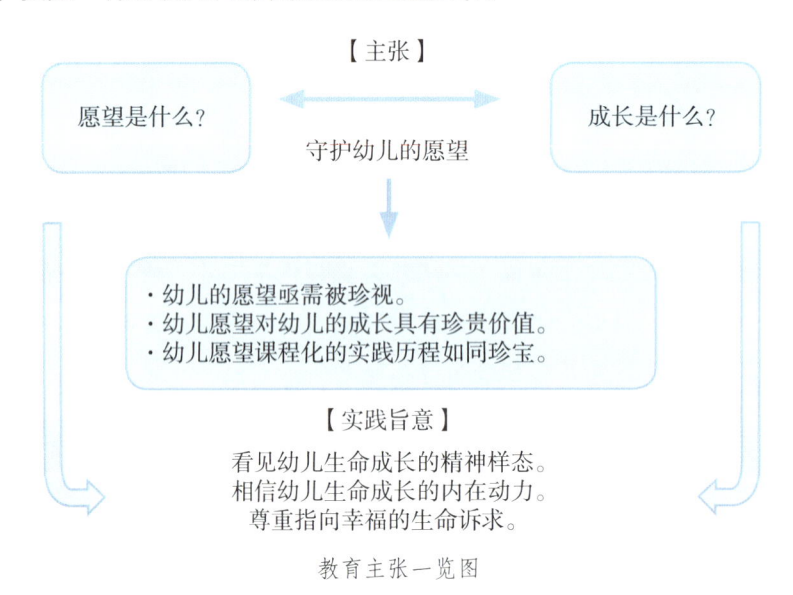

【主张】

愿望是什么？　↔　成长是什么？

守护幼儿的愿望

- 幼儿的愿望亟需被珍视。
- 幼儿愿望对幼儿的成长具有珍贵价值。
- 幼儿愿望课程化的实践历程如同珍宝。

【实践旨意】
看见幼儿生命成长的精神样态。
相信幼儿生命成长的内在动力。
尊重指向幸福的生命诉求。

教育主张一览图

1. 幼儿的愿望。

幼儿愿望是幼儿根据自己的实际生活，在幼小的心灵里生发出的一种纯真而美好的想法。它是指幼儿在成长过程中所表达的心愿或渴望，包括幼儿对自己的生活环境、生活方式、人际关系的期盼。幼儿的愿望通常与幼儿的个性特点、生活经验以及身心发展阶段密切相关。对于幼儿而言，他们的愿望可能是简单的、直接的，也可能是复杂的、抽象的。幼儿的愿望可以反映出幼儿内心深处真正的需求和期望，具体包括以下几个方面。

（1）自我认知和获得认同的需求：幼儿希望得到周围人的关注、赞扬和认可，从而建立起正确的自我认知和健康的价值观。

（2）探索世界和发展认知的需求：幼儿希望通过自己的行为来探索世界，并通过不断地体验来发展自己的认知能力。

（3）情感和关系的需求：幼儿希望建立起亲密的情感关系，得到来自家庭、朋友和社会的支持与鼓励。

（4）成长和发展的期望：幼儿希望变得更加独立、自信，实现自己的梦想和目标，获得成功和成就感。

幼儿的愿望是对美好生活的追求，是热爱生活、热爱他人、热爱社会的表现，蕴含着纯真而美好的情感。成人应守护幼儿的愿望，让幼儿始终对生活充满憧憬、充满期待、充满热情、充满信心。

2. 幼儿的成长。

幼儿的成长是指幼儿在身体、心理和社会性方面逐渐变化和发展的过程。幼儿在成长的过程中，逐渐获得对生命的认识、体验和感悟，从而逐渐形成独立的人格和价值取向，进而成为一个有意义、有价值的人。

幼儿的愿望，是对美好生活的向往与追求。幼儿在实现愿望的过程中，创造并改变生活。幼儿实现愿望的历程，是其心智、品质、能力不断成长的过程。

3. 守护幼儿的愿望。

守护幼儿的愿望，必须将幼儿的愿望与幼儿的成长联系起来，这需要成人从愿望本身的价值出发进行思考，需要成人基于幼儿的现实成长需求进行考虑，需要成人怀着赤子之心，珍视幼儿的愿望，并从中看见真实的幼儿、发现幼儿生长的力量。由此，这一主张包含三个层面的含义。

其一，幼儿的愿望亟需被珍视。德国著名诗人席勒说："有愿望才会幸福。"幼儿的愿望是幼儿生命成长中的现实需要。幼儿的愿望期待被看见、被尊重，珍视幼儿的愿望，便是关注到了幼儿的生活。

其二，幼儿愿望对幼儿的成长具有珍贵价值。根据我们的教育主张，幼儿能够发挥其天性，去实现愿望、去创造生活。这是一种有意义的主动生长与发展的过程，对于幼儿而言具有重要的成长价值。在这一过程中，成人能够回归儿童立场、儿童生活，感受幼儿生命成长的脉动，认识与肯定幼儿的生命意义及存在价值。

其三，幼儿愿望课程化的实践历程如同珍宝。将幼儿愿望引入幼儿园课程，能够让教师认识到幼儿本是"完整的人"，是"具有独立人格的人"。教师通过关注幼儿生活中的愿望，去倾听童声、理解童心，从而发现儿童、照见儿童，在教育生活中切实做到回归"儿童的本真""儿童的生命需求"。从这一角度而言，幼儿愿望课程化的实践对教师成长同样具有宝贵价值。

守护幼儿的愿望，在于看见幼儿生命成长的精神样态，在于相信幼儿生命成长的内在动力，也在于尊重指向幸福的生命诉求。教师应承认童年生活的价值，重新审视幼儿的现实生活，支持帮助幼儿通过自身的行动去实现美好的愿望。

（三）实施路径

晋江市池店镇桥南中心幼儿园基于"幼儿生活中的愿望及其合宜的课程化实践"的课题研究，对幼儿愿望类型及其价值进行思辨，努力探寻愿望课程的创生路径（如下图），沿着发现愿望—认识愿望—实现愿望的行动思路，关注课程的生成点、价值点、衍生点、评价点等关键要素，力求架构更契合幼儿成长需求的幼儿园课程。

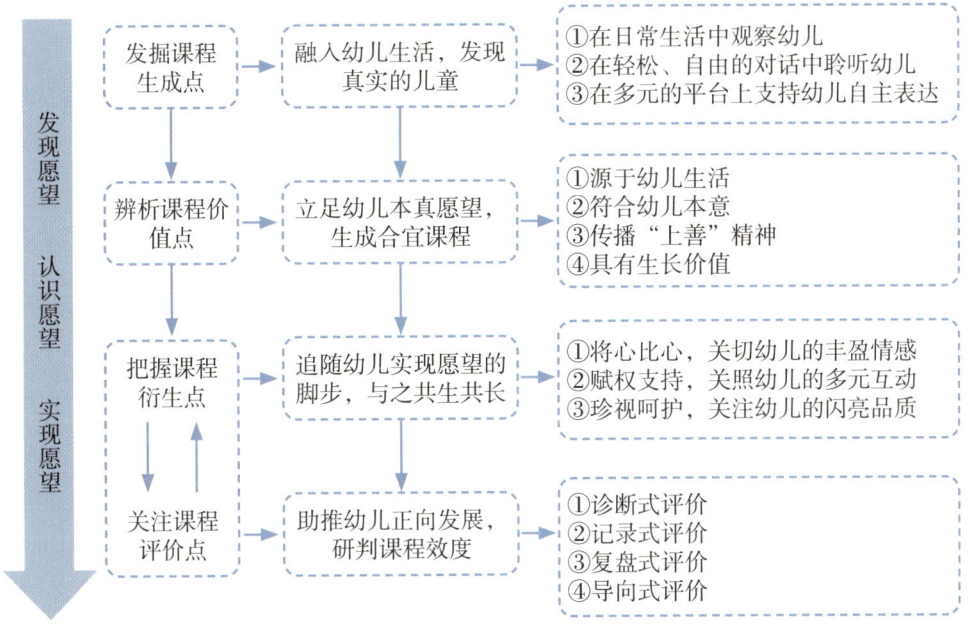

```
发现愿望  发掘课程生成点 → 融入幼儿生活，发现 → ①在日常生活中观察幼儿
                            真实的儿童            ②在轻松、自由的对话中聆听幼儿
                                                  ③在多元的平台上支持幼儿自主表达

认识愿望  辨析课程价值点 → 立足幼儿本真愿望， → ①源于幼儿生活
                            生成合宜课程          ②符合幼儿本意
                                                  ③传播"上善"精神
                                                  ④具有生长价值

          把握课程衍生点 → 追随幼儿实现愿望的 → ①将心比心，关切幼儿的丰盈情感
实现愿望                    脚步，与之共生共长    ②赋权支持，关照幼儿的多元互动
                                                  ③珍视呵护，关注幼儿的闪亮品质

          关注课程评价点 → 助推幼儿正向发展， → ①诊断式评价
                            研判课程效度          ②记录式评价
                                                  ③复盘式评价
                                                  ④导向式评价
```

愿望课程创生路径

1. 发掘课程生成点：融入幼儿生活，发现真实的儿童。

与幼儿交流，只有让幼儿勇敢地表达想法，自然地流露情感，才能听到他们内心真实的声音。只有融入幼儿的生活，才能发现真实的儿童，与他们达成心灵的沟通与对话。有效的观察、聆听、表达，有助于靠近幼儿、融入幼儿、认识幼儿。我们通过在日常生活中观察幼儿，在轻松、自由的对话中聆听幼儿，在多元平台上支持幼儿自主表达，让幼儿心中的想法得到教师的重视与回应，让他们内心充满幸福感和对幼儿园生活的美好期待。从中我们也获得了关于幼儿愿望的信息，并以此为基础发掘课程生成点。

2. 辨析课程价值点：立足幼儿本真愿望，生成合宜课程。

幼儿的愿望五花八门，有的甚至是异想天开，这些愿望都能实现吗？究竟什么样的愿望适合生成课程？所生成的课程是否都能让幼儿获得有益的成长经验？基于这些问题，我们研制出了一份"幼儿愿望课程化价值评估表"，借助量表对愿望是否适合生成课程进行评估。

幼儿愿望课程化价值评估表

评估维度	评估要素	评估结果
源于幼儿生活	是否与幼儿生活（生活环境、生活方式、人际关系）息息相关？	☆☆☆☆☆
	是否建立在幼儿已有经验基础之上，有利于新旧经验之间的衔接？	☆☆☆☆☆
	在幼儿生活中能否找到可利用的课程资源？	☆☆☆☆☆
符合幼儿本意	是否完全符合幼儿本真的、发自内心的想法？	☆☆☆☆☆
	是否是幼儿真正喜欢的、感兴趣的内容？	☆☆☆☆☆
	是否能引起集体的共鸣与响应，体现大多数幼儿的诉求？	☆☆☆☆☆
传播"上善"精神	是否积极的、正向的，能在幼儿中传播正能量？	☆☆☆☆☆
具有生长价值	是否符合幼儿年龄阶段的发展需要？	☆☆☆☆☆
	是否有助于幼儿获得对生命成长有益的知识经验和技能？	☆☆☆☆☆
	是否有助于发展幼儿的情感态度，有助于健全人格的养成？	☆☆☆☆☆

说明：1.对照评估要素进行星级评定，1颗星积1分；2.总积分≥35分，则获得通过。

对幼儿愿望课程化的价值进行评估是课程质量的重要保证。幼儿愿望课程化既要基于幼儿身心发展规律，又要符合课程实施规律。选取积极的、对幼儿生命生活有意义的愿望，以课程的方式呈现幼儿愿望的内容与实现过程，从而架构出高质量的、能让幼儿获得有益成长经验的课程内容。

3. 把握课程衍生点：追随幼儿实现愿望的脚步，与之共生共长。

在幼儿实现愿望的过程中，教师作为支持者、合作者、引导者，其引领作用必不可少，教师的适切行为是愿望课程走向成功的关键。

（1）将心比心，关切幼儿的丰盈情感。

合宜的课程，不应只是满足幼儿的兴趣，更应以幼儿实际的生理、心理以及敏感期的发展需要为立足点而展开一系列活动，让课程富有儿童本真的生命力。幼儿有着丰富且微妙的内心世界，教育者的将心比心、与之共情，能让课程真正饱含儿童的味道，彰显儿童本位、儿童视角。因此，教师应走进幼儿的内心世界，去洞察他们的一举一动，聆听他们的稚嫩想法，感受他们的喜怒哀乐，让自己与幼儿同频共振，从而架构出"一种有温度的课程"。

案例："玩雪"是幼儿从绘本里看到下雪景象后许下的新年愿望。可晋江几乎不下雪，美好的愿望似乎离生活很遥远。面对这样的情况，教师与幼儿一起开启了一段"探雪之旅"。当幼儿通过调查了解到下雪的条件后，他们从天马行空的想象中回到了现实，情绪有些失落，此时，教师抛出问题："我们生活的地方不会下雪，愿望还能实现吗？"孩子们经过一番讨论后，开始从"期待下雪"走向"造雪"：把泡沫当作雪，把纸揉成"雪球"，把水冻成冰，给雪粉加水……在教师的引领下，孩子们通过发挥创意，实现了"玩雪""打雪仗""堆雪人"的新年愿望。

在"探雪"的课程里，幼儿的情绪情感不断地发生变化，从兴奋到失落，从期待到疑惑、焦虑、沮丧……但他们从未想过放弃自己的愿望，依旧保持着乐观的心态，大胆地表现与创造"雪景"。这与教师不间断地支持鼓励有着密不可分的关系，在幼儿实现愿望的过程中，教师始终与幼儿"心连心"，守护他们纯真的童心，欣赏他们稚嫩的想法，从未用"不可能下雪"的现实去否定幼儿美好的愿望。

教师的将心比心、换位思考，以同理心去想幼儿之所想，关切幼儿内心的情感变化，让幼儿有充足的时间接纳、调试、改变、创造。虽然最终呈现的场景只是真实雪景的拟态，但同样让幼儿收获了喜悦与满足。

（2）赋权支持，关注幼儿的多元互动。

愿望课程中的"赋权支持"是指教师通过合宜鹰架支持幼儿在实现愿望的过程中自主学习，是凸显幼儿学习主体性的一种教育行为。在幼儿与周围的环境、材料、同伴进行多元互动时，教师的赏识与适时支持，能够助力其发挥学习潜能，让幼儿在原有的生活经验、能力水平的基础上"跳一跳摘到果子"。这也是教师信任幼儿是主动的、有能力的学习者的体现。

案例1：中班幼儿在一次幼儿吐槽大会中提到"隔壁班实在是太吵了"，导致他们在活动中常常被突如其来的吵闹声打断。孩子们纷纷表达了对噪声的不满，提出"把噪声调小一些"的共同愿望。教师在收到幼儿反馈后，鼓励他们自己去解决这个问题，并给予了时间支持。孩子们开始讨论对策，自发组织人员与隔壁班"交战"。但是经过一番"指责＋劝导"，他们不仅没能友好地解决问题，反而遭到对方"喷水壶＋玩具手枪"的反击。最终在教师的组织下，幼儿再次商讨协调方案，两个班级之间握手言和，并在一次又一次的吐槽与闲聊中建立起了友好融洽的关系，廊道上的噪声也随之消失了。幼儿在"讨论—交战—和好"的过程中，反复尝试解决问题，教师始终默默关注，让幼儿之间自主生成频繁对话，并没有刻意去干扰他们的想法与行动。令人意想不到的是，孩子们最终能自己领悟到人际交往间的善意与包容，用自己的方式解决了生活里的问题。

案例2：在大班的班本课程中，幼儿萌发想搭建一个"秘密基地"的愿望。在实现愿望的过程中，他们面对品类多样的搭建材料无法选择，因而求助教师。教师智慧地选择不直接告知答案，而是给予幼儿充足的时间去思考、去探索、去作各种尝试，寻找更便捷更牢固的搭建方法。当幼儿提出要搭建各式各样的屋顶时，教师引导幼儿发动家长一起寻找材料，并在场地中投入丰富的材料让幼儿充分实践感知；当幼儿提出要让"秘密基地变黑"的想法时，教师鼓励他们分组测试并做记录来验证猜测；教师还为幼儿提供"愿望达人手册"，鼓励幼儿用画画、拍照等方式记录活动过程，鼓励他们与同伴分享交流。

教师支持幼儿主动与环境、材料、同伴进行互动，通过探索、尝试、合作和交流，在反复试错中寻找解决问题的方法，助力幼儿朝着愿望实现的方向行进。教师以鹰架支持幼儿勇敢面对新挑战、获得新经验，让幼儿也充分看到自我成长的力量，使他们充满成就感、充满自信，对学习始终保持着探究的激情和动力，课程也在幼儿的一个个小愿望实现的过程中不断向纵深发展。

（3）珍视呵护，关注幼儿的闪亮品质。

课程作为实现愿望的载体，赋予了幼儿无限的能量。当愿望成为追求的目标，行动也就产生了内驱的动力。在实现愿望的行动中，幼儿展现的是富有童趣、蓬勃生命力和灵活创造力的学习者的形象。成人也会从中看到幼儿的智慧与创造，看到他们生命成长的内在力量。

案例：在"花车巡游不是梦"课程中，教师始终珍视并尊重幼儿的奇思妙想，支持他们的探索行动。在筹备"花车巡游"的过程中，幼儿自主设计改造花车、招聘选拔演员、规划设计路线、组织宣传活动并邀请观众……在实现美好愿望的旅途中，即使遇到花车改造不成功、巡游路线不合理、彩排不顺利等问题，他们都不气馁、不放弃，认真专注，积极商讨对策，坚持不懈地努力。在改造花车的行动中，幼儿发现手推车"开不稳、不够拉风"等问题，便尝试改用"四轮小房子"，但是在试行中又发现"操作不方便，彩带容易掉落、会卡住轮子"等问题。之后他们不断调整方案、反复多次尝试，最终确定使用"三轮脚踏车"的改造方案。在这一过程中，幼儿表现出了自主探索的精神、主动学习的能力。"花车巡游""烟花秀"的成功展示给所有人带来了一场独特的视觉盛宴，幼儿沉浸在自己设计的游戏里，得意于自己的精心策划，惊呼于自己的无限创意，他们是那么从容、自信。

幼儿在活动中流露出的闪亮品质，值得教师珍视并呵护。教师作为幼儿成长路上的支持者，助力幼儿在实现愿望的过程中，将自己的艺术家天赋、科学家潜质、梦想家精神等展示出来，这是对幼儿生命内驱力的认可与激发，足以让幼儿在愿望之旅中实现认识自我、展现自我、超越自我。

4. 关注课程评价点：助推幼儿正向发展，研判课程效度。

课程评价是检验课程是否合宜的过程。它既是课程实施的重点，又是课程可持续发展的起点，贯穿课程发展的全过程。在幼儿愿望课程化的过程中，我们采用诊断式、记录式、复盘式、导向式的多元评价方式，从不同的角度做好课程重审，不断检验幼儿愿望课程化的合宜性和效度，从而提升课程质量，让课程助推幼儿全面发展。

（1）诊断式评价。

在愿望课程开展的过程中，教师可以依照"愿望课程实施评价表"，在课程实施前对标诊断（预判能否达到标准）、在课程实施中对照调整优化（朝着标准的方向努力靠近）、在课程实施后评定课程效度（评估完成情况如何）。

愿望课程实施评价表

项目	评价要素	评价结果 ☆☆☆
课程内容	满足幼儿的内在需求，反映幼儿真实的所想、所盼。	
	贴近幼儿生活，能引发幼儿兴趣并主动行动。	
	有利于幼儿获得本年龄段成长需要的有益经验，并有一定的挑战性。	
课程目标	多维的、整体的、综合的，涵盖发展幼儿的情感态度、认知能力、动作技能和学习方法等方面。	
	符合幼儿年龄特征、发展需要，符合本园、本班实际。	
	具体、明确、可操作。	
课程准备	了解幼儿已有经验，丰富幼儿与本活动相关的经验，便于新旧经验之间衔接。	
	环境创设、材料提供、资源运用适宜，满足幼儿探究学习活动所需，使幼儿从中获得新经验。	

续表

项目	评价要素	评价结果 ☆☆☆
课程实施 （教师指导）	追随幼儿的兴趣、需要及行动方向，与幼儿共同合理生成小课程，阶段目标明确、活动环节有效，层次清楚、衔接自然，朝着总目标的方向推进。	
	尊重幼儿的意愿与想法，营造宽松、民主、平等、活泼的学习活动氛围，建立师幼伙伴关系，彼此交流自然顺畅。	
	善于灵活运用多种支架策略，采用适当的方法，支持幼儿有意义的自主探究学习，并引导幼儿学会运用多种工具表达、表征，帮助幼儿梳理、提升经验。	
	关注幼儿的探究学习过程及心理感受，关注幼儿的个体差异，及时回应与调控，注重幼儿生命成长所需的生活经验的积累、学习品质的养成。	
课程效果 （幼儿表现）	积极主动、愉快投入地参与活动，有目的地与材料、同伴、成人互动。	
	善于思考、勇于探索，能与同伴合作，运用已有经验尝试解决问题，遇到困难不轻易放弃。	
	认真倾听并愿意接纳同伴的合理建议，大胆表达自己的需求与感受，乐意分享自己的探究过程与经验。	
	在活动中不断挑战自我，收获满足感和成就感，对自己充满信心。	

注：本表可用于自评、互评、他评。

（2）记录式评价。

在课程的循环推进中，可利用观察记录、学习故事、短视频、成长档案等形式对课程开展情况进行记录，一般采用现场记录和回忆式记录两种方式。记录信息有助于教师观察和了解幼儿，反思自身教育行为和审视课程，从而推动课程的动态发展。

（3）复盘式评价。

教师带着幼儿回顾愿望实现历程并进行反思。教师对课程线索进行重点呈现，引导幼儿自我评价，让幼儿认识自己，发现自己的力量，正确面对自己的缺点，同时也要学会欣赏同伴的能力和优点。可采用图文展示法，对幼儿实现愿望的过程或现场的信息进行生动、直观、立体地展现，引导幼儿观察、分析、讨论、评价。这样的方式也能帮助教师捕捉幼儿在活动中的细节表现，分析幼儿在活动过程中的优点或者不足，从而提取有价值的经验与发掘潜在的课程资源。每一次复盘都是一次重新定义，能帮助教师找寻到更清晰的教育方向。

（4）导向式评价。

以全新课程改革理念及国内外前沿幼教理论为引领，定期邀请专家客座指导，从理论层面及实践层面对课程进行评价，促进教师反思调整教育行为与课程框架，以此不断完善愿望课程结构，提升课程质量。

综上所述，我们通过发掘课程生成点、辨析课程价值点、把握课程衍生点、关注课程评价点的创生路径建构基于幼儿愿望的课程，践行"守护幼儿的愿望"的教育主张。教师与幼儿共同亲历了一场又一场奇妙的、浪漫的愿望之旅，真正实现了教师、幼儿与课程的"共生共长"。

（四）实施原则

为使"守护幼儿的愿望"的主张与课程教学更好地结合，在课程实施过程中，我们要秉持以下几点原则。

1. 保证幼儿愿望的真实性。

幼儿的愿望应是幼儿发自内心的诉求，源于幼儿自己的亲身经历，而非教师所认为的幼儿感兴趣之事。

2. 尊重幼儿学习的自主性。

幼儿在实现愿望的过程中，应始终处于自由、自主的状态之中。幼儿可以依照自己的意愿去发现、去试错、去表现、去创造、去享受成长的快乐。

3. 打造具有探究性的课程内容。

愿望课程的最终目的是让幼儿在实现愿望的过程中获得有价值的成长经历。在实现愿望的过程中，教师要为幼儿创造一定的探究空间，让幼儿能够带着问题学习，自主迎接挑战。

4. 激发幼儿的创造力。

在实现愿望的过程中，教师应创造有利的条件和环境，让幼儿的创造潜能得以发挥，让他们的想象力、创造力得以施展。

5. 促进幼儿的全面发展。

幼儿的愿望丰富多彩，基于愿望生成的课程主题内容也十分广泛。教师应根据幼儿现阶段的发展特点，通过制订多元发展目标、安排适宜的活动形式，促进幼儿在实现愿望的过程中获得多方面的能力发展。

第二节 "守护幼儿的愿望"的实践意义

（一）幼儿的发展

践行"守护幼儿的愿望"这一教育主张，让幼儿生活中的愿望走进幼儿园课程，对于幼儿的生命成长具有重大意义，它能成就幼儿，让幼儿享受自我成长。

1. 成为热情的学习者。

正如虞永平教授所言，"幼儿有自己的需要和兴趣，教育就是引发幼儿内在的潜能，让幼儿有机会从事适宜的活动，以便更好地调动已有的经验并获得新经验"。幼儿的愿望是其内心的真实期待，对幼儿的行动具有内在驱动力，因此在实现愿望的过程中，幼儿能够全身心地投入学习，始终以积极热情的学习者姿态探寻实现愿望的途径，充分发挥自己的能动性和创造力，主动建构自我成长需要的经验。他们会用稚嫩的笔触表征愿望，不畏惧实现愿望过程中的挫折，主动地向他人学习。

2. 成为善谈的分享者。

在愿望课程里，幼儿有充足的时间、空间表达愿望，有丰富的情感体验、实践历程作为分享的素材。幼儿期待分享实现愿望的幸福感与成就感，幼儿在实现愿望过程中练就的愈挫愈勇、坚定不移的品质也值得通过分享传递。他们借助各种各样的活动形式分享自己的想法、兴趣和期待，让自身的语言表达能力、人际交往水平也获得了明显提升。

3. 成为勤思的探究者。

在幼儿实现愿望的过程中，教师会惊讶地发现，幼儿已经展现出善于思考的探究者形象，甚至有一部分幼儿在活动中已经会主动地进行反思。他们积极投入地探究实现愿望的办法及过程中产生的问题；他们会用语言、图画、动作等符号进行表征；他们会根据已有的经验进行拓展学习与思考，不断地反思复盘实现愿望的经历。幼儿沉浸于自己的学习和研究，欣喜于自己的创造与成就，这也正是愿望课程的重要价值。

4. 成为生活的创造者。

幼儿的愿望来源于幼儿的生活。幼儿朝着自己的愿望去努力、去探究、去实践、去创造，这是热爱生活的一种表现。他们在自己的生活里发挥着潜在能力，进行大胆想象与创造，对自己的愿望注入精力与情感，在这一过程中建立清晰的自我认知，获得自我实现的成就感，在实现愿望的喜悦中爱上生活、爱上创造。

（二）教师的成长

践行"守护幼儿的愿望"这一教育主张，让幼儿生活中的愿望走进幼儿园课程，于教师的专业发展而言也有重大意义。它推动了教师儿童观、教育观的转变，使教师获得对师幼关系的新体悟。

1. 儿童观的转变：幼儿是课程的主动参与者与建构者。

教师站在幼儿的立场上，把幼儿的愿望当作宝贵的课程资源，与幼儿共同建构合宜课程，支持幼儿实现愿望，是转变儿童观的重要体现。幼儿是愿望课程的主动参与者与建构者。幼儿园的课程贴近幼儿的内心需求，他们就会积极主动地参与到课程中来，根据自己已有的经验解决问题，并从中探索发现新的问题，从而不断推动愿望课程的建构与完善。在这一过程中，教师时刻关注幼儿，走进幼儿的世界，细心呵护幼儿的想法，由权威的管理者、主宰者转变为倾听者、观察者、欣赏者，并积极引导幼儿自主地运用独特的表征方式表现生活、表达感受。

2. 教育观的转变：教育要回归幼儿的生活，教师应与幼儿共同生活。

生活是教育的出发点和落脚点。研究幼儿生活中的愿望，只是践行课程改革的第一步，更长远的目标是实现教育向幼儿"生活世界"的回归。守护幼儿的愿望，就是回到幼儿真实的生活中去，从教育者的专业视角去探寻幼儿的内心世界，理解幼儿、共情幼儿，与他们共同生活，向幼儿学习他们的勇气、好奇心与善良的品质，向幼儿学习他们认真思考的态度、用心生活的情怀。幼儿的生活世界是极其丰富多彩的，承载着生命成长的意义，教育应回归幼儿的生活，教师应与幼儿共同生活。

3. 师幼关系的认识：向童年致敬，与幼儿携手同行。

幼儿对成人有天生的依赖，他们对成人的世界充满敬畏与好奇。幼儿拥有一颗纯真的童心，教师则拥有丰富的教育与生活经验。在与幼儿相处的过程中，教师不能以成人的身份凌驾于幼儿之上，也不能被经验"蒙蔽"而忽视了童心的可贵之处。正如刘晓东教授倡导的，成人应主动尊重儿童，以自己的智慧去发现童心、发现童年、发现儿童，和儿童一起幸福成长。幼儿的每一个愿望都是伟大的，值得教师尊重、守护，教师应与幼儿携手同行，在陪伴幼儿实现愿望的历程中与之共同成长。

（三）课程的转变

践行"守护幼儿的愿望"这一教育主张，让幼儿生活中的愿望走进幼儿园课程，于园本课程建设也有重大的意义，它能让幼儿教育课程真正饱含儿童味道。

1. 发现课程生成的原点。

实施基于幼儿愿望的课程，能让教师在倾听、观察中了解幼儿真正的需要与诉求。当教师真正走进幼儿的内心，了解幼儿的愿望，就会发现，课程生成的原点就存在于幼儿真实的生活里，隐藏在他们的内心世界里。

2. 树立课程创生的支点。

课程创生不是无中生有。课程创生应有充分的依据。有的教师看到幼儿的兴趣就生成新的课程，从未真正关注课程是否是幼儿真正需要的，对幼儿是否具备成长价值。只有在实践中探明愿望课程的评估要点，通过价值辨析去判断课程价值，才能为课程创生树立一个牢固的支点，通过这样的方式生成的课程才更具有科学性及发展价值。

（四）环境的优化

1. 让幼儿成为环境的创造者。

在幼儿园环境创设实践中，成人常常以自己的标准为幼儿打造游戏环境，真正来源于幼儿愿望、由幼儿参与创设的环境少之又少。在实施愿望课程以后，教师转换角度，倾听幼儿关于环境改造的愿望，尝试放手将环境的主导权交还给幼儿，支持他们创设、改造和利用环境，使幼儿真正成为幼儿园环境的创造者。

2. 环境充满着儿童味道，彰显出儿童本位的教育思想。

在幼儿愿望课程化的过程中，教师创造机会与条件，鼓励幼儿用个性符号表达愿望、表征想法，并将其运用在幼儿园环境创设中。课程环境中展示的都是属于幼儿自己的学习经验成果，因此环境充满了儿童味道，也彰显出儿童本位的教育思想。

在愿望课程实施过程中，幼儿参与环境创设

第二章 "守护幼儿的愿望"的实践策略

基于幼儿愿望的课程，围绕"倾听与发现""行动与实现""复盘与留念"三个维度展开，通过"6+5+3"实践策略，助力幼儿在愿望中实现成长。

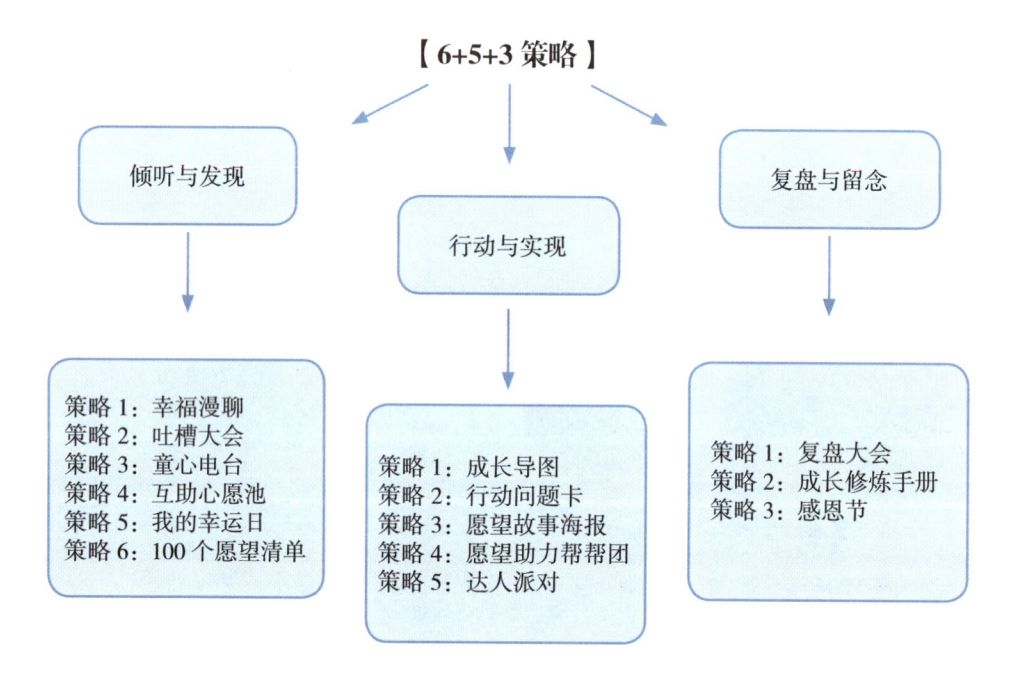

【6+5+3 策略】

倾听与发现
- 策略1：幸福漫聊
- 策略2：吐槽大会
- 策略3：童心电台
- 策略4：互助心愿池
- 策略5：我的幸运日
- 策略6：100个愿望清单

行动与实现
- 策略1：成长导图
- 策略2：行动问题卡
- 策略3：愿望故事海报
- 策略4：愿望助力帮帮团
- 策略5：达人派对

复盘与留念
- 策略1：复盘大会
- 策略2：成长修炼手册
- 策略3：感恩节

第一节 倾听与发现

幼儿有着丰富且微妙的内心世界，幼儿的愿望就是幼儿内心真情实感的自然流露。守护幼儿的愿望，教师首先要做的是倾听愿望。教师作为与幼儿共同生活的伙伴，只有认真细心地去听取幼儿的愿望，让幼儿自然、勇敢地流露情感，才能听到他们内心真实的声音，融入他们的生活，发现真正的幼儿，从而架构出"一种有温度的课程"。为此，园所通过搭建"幸福漫聊""吐槽大会""童心电台""互助心愿池"等平台，开展"我的幸运日""100个愿望清单"等活动，让教师与幼儿温暖对话、惬意闲聊，让幼儿的愿望在不经意间流露并获得教师的关注。

（一）幸福漫聊

智慧缘起：

在一日生活中，幼儿常常三三两两聚在一起闲聊，这种状态往往是最让幼儿感到放松、惬意的。在愿望课程中，为了营造宽松愉悦的对话环境，让幼儿能大方、主动、自主地表达自己的愿望，我们将"幸福漫聊"引入幼儿的在园生活，通过闲聊激发幼儿表达愿望的兴趣。

策略说明：

"幸福漫聊"不是一种有目的的聊，它营造的是一种愉悦的闲聊氛围，是教师、幼儿打开心门，尽情畅聊的幸福时光。在班级的"幸福漫聊"时光里，教师根据幼儿的年龄特点，创设温馨、宽松的漫聊情境。小班的"幸福漫聊"结合区域游戏、角色游戏开展，中班安排在点心后的时间以及晨间谈话环节进行，大班结合班本课程定期开展漫聊。幼儿自由表达，师幼共同倾听幼儿的愿望，共同商讨实现愿望的办法。教师还将漫聊与节日活动结合，如：在"六一"儿童节来临之际组织幼儿聊聊"这个'六一'想要怎么过"，新年快到时与幼儿聊聊新年的愿望，等等。教师通过收集幼儿的想法，生成了新年音乐会、新年创意秀、新年大头贴等节日活动内容。

"幸福漫聊"让教师用漫聊的形式打开幼儿情感世界的大门，敏锐地捕捉到幼儿内心真实的诉求，再通过富有创造力的行动帮助幼儿实现愿望。教师在和幼儿互述愿望、帮助幼儿实现愿望的过程中和幼儿一起共同成长。

一次毕业返园日的闲聊

（二）吐槽大会

智慧缘起：

幼儿的世界纯粹简单、无忧无虑，偶尔的小烦闷便成为其吐槽的来源。为了鼓励幼儿在积极思考和大胆对话中找寻解决烦恼的方法，发现隐藏在心中的愿望，我们设立了"吐槽大会"，希望搭建起让师幼、幼幼互相倾诉的平台，引导幼儿表达内心对幼儿园学习生活的真实期盼。

策略说明：

每一个声音都值得被倾听，每一个孩子都应该被守护。我们根据不同幼儿群体的特点，采用不同组织形式，选择不同场所地点，营造轻松、愉悦的环境，让幼儿敞开心扉参加"吐槽大会"，表露心声。幼儿围绕商定、预设或生发的中心话题展开对话。小班幼儿由教师进行引导，在游戏的情境中自然进行吐槽。随着年龄增长，中、大班幼儿逐渐成为一个个"小机灵鬼"，常常隐匿自己的真实想法。针对这样的情况，我们设置了吐槽箱，幼儿可自主安排吐槽箱的位置，教师在吐槽箱旁边投放笔和纸。自由活动时，幼儿便可以把想要吐槽的事情画下来，投到吐槽箱里。到了周末，教师会对幼儿投进吐槽箱的"小秘密"进行整理，从中了解幼儿的心思。此外，我们还为幼儿布置了"吐槽小帐篷"，在里面放置录音玩偶，幼儿可以对玩偶倾诉自己的想法，通过这种方式给予幼儿相对私密的吐槽空间，以确保幼儿能随心、自在地表达自己的想法。

自从开展了"吐槽大会"活动，幼儿再也不羞于表达自己的想法，而是纷纷加入其中。教师积极创设舞台、投放扩音器，让幼儿大胆吐槽，宣泄情绪。幼儿从起先的腼腆、面面相觑到争先恐后地打开话匣子，教师的耐心、专注倾听让幼儿毫无顾虑、滔滔不绝地说出了心中不满的事、期盼的事。"吐槽大会"之于幼儿，是真正拥有话语权，被允许、被听见、被尊重的一次体验。作为教师，应倾听幼儿的假"吐槽"，辨析其中的真"心声"。

幼儿通过多种形式进行吐槽

（三）童心电台

智慧缘起：

幼儿有无数个天马行空的愿望。由于受到年龄与能力的限制，有相当一部分的愿望，幼儿还无法通过书写或绘画的形式进行表达。"童心电台"以音

23

频或视频为载体，形象生动地记录下幼儿珍贵美好的心愿，让幼儿能够真切完整地为自己的愿望"发声"，同时也从中学会聆听与尊重他人的愿望。

策略说明：

"童心电台"是一个视听结合的信息平台，也是收集幼儿愿望的智慧举措之一。幼儿有愿望，可以通过电台尽情地表达，并让教师通过录音或录像记录下来。当教师接收到幼儿的"心愿电波"后，便会开启新一轮的闲聊。如幼儿园每年都有四大文化节和各种节日活动，在节日到来之前，教师可与幼儿进行交流："六一"节快到啦，你们希望今年开展什么主题活动呢？泼水节你们想玩什么游戏？……幼儿在小组商讨后，可自由来到电台表达愿望，教师以音频或视频的形式将其记录下来。除了收集本班幼儿的愿望，还可以派出电台小记者到别班去采访，收集更多小朋友的愿望。通过回放童心电台收集的影音资料，教师可与幼儿一起统计相同的愿望。在共同策划节日活动方案时，教师应尽可能地满足幼儿的愿望，让大多数幼儿的愿望得以实现，也让节日真正成为孩子们想过的节日。

"童心电台"体现了信息技术与课程教学的融合，这一平台的设立，不仅让幼儿的愿望有了妥善的记录方式，而且锻炼了幼儿的胆量，提高了幼儿的表达与倾听水平。

（四）互助心愿池

智慧缘起：

为了更好地让幼儿的愿望被看见，让愿望的实现得到更多助力，园所为幼儿创设了"互助心愿池"，让幼儿能够通过这个平台开展"心愿互助"活动。

理念与策略

互助心愿池

策略说明：

"互助心愿池"是园所创设的一个帮助幼儿表达与实现愿望的开放性对话平台。对于那些在短时间内无法实现的愿望，幼儿可以到"互助心愿池"将其制作成"小小心愿卡"展示出来。小班的幼儿也可以用口述的方式表达心愿，由家长或教师帮助他们录音并生成二维码粘贴在心愿卡上；中、大班的幼儿可以通过图文的方式表征愿望。餐后散步或下午离园时，由教师或家长帮助幼儿解读心愿池里的心愿，幼儿可以认领心愿或为同伴实现心愿支招。"互助心愿池"主要通过"同伴互助、师幼互助、家庭互助"三大渠道来助力愿望实现，例如：通过幼儿间的"大带小""强带弱"实现幼儿的愿望；通过幼儿提议、教师助力来帮助幼儿实现愿望；通过家庭互助小组共享资源来实现愿望。

每个实现愿望的幼儿，都可以把自己的心情或感谢的话以涂鸦、照片等形式展示在"愿望CD墙"上，与同伴们分享幸福时刻。实现过愿望的幼儿也可以认领一

愿望CD墙

25

个自己能帮助实现的愿望,把爱和温暖继续传递下去……

"互助心愿池"帮助幼儿实现愿望,幼儿在爱与被爱的环境中感受到幼儿园集体生活的温暖、同伴的友爱、童年的幸福,体验到帮助别人的快乐,同时也学会感恩,学会关爱与分享,懂得了得到别人帮助的同时,也要尽自己所能帮助别人。

(五)我的幸运日

智慧缘起:

"我的幸运日"是基于"互助心愿池""童心电台"等生成的活动。随着愿望课程的不断推进,园内幼儿的愿望越来越多,幼儿也越来越想表达,越来越期待内心的愿望被看见、被实现。那么这么多的愿望,究竟要先实现谁的愿望呢?为了让每个幼儿都享有被重视、被青睐的机会,园所启动了"我的幸运日"活动,让幼儿体验生活里的幸运与惊喜。

策略说明:

幼儿常常会用各种表征方式记录自己的小小心愿。为此,我们在幼儿入园、离园必经的门厅摆放了"愿望漂流瓶",并提供纸、笔让幼儿描绘自己的心愿,小班的幼儿和表征能力较弱的幼儿也能在家长的帮助下投放漂流瓶。教师与幼儿商定将每周一上午定为"幸运日"。每当这一天来临,园长妈妈便会抽取十个漂流瓶,并在升旗仪式上,邀请被抽中愿望的幼儿在全园面前分享自己的愿望。所有幼儿都想成为每周的"幸运儿",因为这样的愿望之旅颇为刺激,且园长妈妈会用她强有力的"魔法",召唤全园的幼儿为"幸运儿"实现愿望献计献策。这一活动不仅能帮助幼儿实现愿望,还弥补了部分愿望无法转化为课程的遗憾。

"我的幸运日"的实行,调动了幼儿表达愿望的积极性,在活动开展过程中，幼儿表达的愿望越来越多元、越来越具有创意与想象力。一开始大部分幼儿会比较关注物质性的愿望、与自身相关的愿望，后来他们逐渐开始关注幼儿园的生活环境、同伴交往关系……显然，"幸运儿"的"特权"，让幼儿萌发了更多的愿望，拥有了更强大的行动力，对生活充满了期待，也让他们不再畏惧表达那些看似难以实现的愿望。

幼儿制作的"愿望漂流瓶"

（六）100个愿望清单

智慧缘起：

"孩子是由一百组成的。孩子有一百种语言，一百双手，一百个想法，一百种思考、游戏、说话的方式。"教师发现在不同节日、不同场景下，幼儿能生发出五花八门的愿望，这些愿望是幼儿生命成长过程中产生的积极向上且充满正能量的诉求。于是，我们借助"100个愿望清单"的形式，让幼儿基于不同的节日或场景去表达各自的愿望。

策略说明：

"100个愿望清单"设有不同的主题，可以是由特定节日生成的主题，如"新年的100个愿望""儿童节的100个愿望"等；也可以是由特定事件或场景生发的主题，如"毕业前的100个愿望""同心园改造的100个愿望"等。

愿望清单的呈现形式多种多样。教师可以在美工区请幼儿将愿望清单装订成"100个愿望手册",也可以将幼儿的愿望清单逐一扫描后,汇总装订成班级专属的"愿望手册"。如何利用这份愿望清单呢?以儿童节为例,在节日到来前,幼儿将自己的愿望记录在清单上专门的栏目里,班级幼儿共同商定一个愿望实现周期,每天选择一个或多个愿望进行实现。对于正在实现的愿望,可以用彩色别针进行标识;对于已实现的愿望,可以贴上小红花或者画上"√"。愿望清单的记录形式、标识样式都可以由幼儿自己决定。

自从有了"100个愿望清单",幼儿每天都早早地来到班级,在"愿望清单墙"旁交头接耳……在愿望的驱动下,幼儿内心的幸福感和对幼儿园生活的美好期待油然而生。

愿望清单墙

第二节 行动与实现

在守护幼儿愿望的过程中,教师应竭尽所能帮助幼儿通过自己的行动去探索生活、实现愿望。只有让幼儿通过自己的努力去实现愿望,他所经历的生活才是真生活,他所发现的世界才是真世界。在这一过程中,幼儿不仅获得了情绪上的满足，还获得了心智上的发展、能力上的提升。因此，我们巧用"成长导图""行动问题卡""愿望故事海报""愿望助力帮帮团""达人派对"等小策略，让幼儿在实现愿望的行动中发散思维、自主解决问题，以真正体现让幼儿在实现愿望的历程中收获成长。

（一）成长导图

智慧缘起：

思维导图是一种利用图形技术帮助幼儿将发散性思维展现为视觉表达的有效思维工具。它简单有效，图文并茂，能让教师在短时间内有序、全面、细致地厘清思路。在课程实施中运用思维导图，能将幼儿的思维图像化，帮助其较快地重组零散性思维、构建新经验框架、提升学习效率。幼儿常常在实现愿望的过程中遇到许多问题，借助"成长导图"可以帮助幼儿梳理问题并寻找解决问题的最佳方法。

策略说明：

幼儿围绕实现愿望过程中遇到的问题进行头脑风暴，借助"成长导图"进行梳理并表征记录，再清晰地表达思路与看法。如在中班班本课程"闽南下大雪，会实现吗？"中，幼儿发现"自己所生活的地方不会下雪"，怎么办呢？想玩雪的愿望还能实现吗？经过一番讨论，幼儿开始从"期待下雪"走向"造雪"。究竟怎么造雪？教师便启发幼儿进行思维碰撞，利用"成长导图"梳理总结造雪方案，最终通过投票确定用纸屑、泡沫、棉花等物品来实现"造雪"。

"成长导图"简单易操作，是幼儿容易接受且很喜欢的一种教学方法。幼儿可以用自己喜欢的涂鸦等形式来制作导图而不需做到让画面精致完美。幼儿顺着导图思路发散自己的思维，从中锻炼分类和归纳总结能力。

幼儿绘制的"成长导图"

（二）行动问题卡

智慧缘起：

幼儿在实现愿望的过程中，经常会碰到各种各样的问题，以往教师常用照片或文字将这些问题呈现在班级墙面上。为了丰富问题的记录形式，我们结合幼儿的年龄特点，尝试运用"行动问题卡"，鼓励幼儿使用个性化符号来表达自己的想法，用特有的方式来表达自己的思想和认识，将实现愿望过程中所遇到的问题及解决办法通过各种表征形式记录下来。

策略说明：

幼儿表征作为一种独特且有意义的语言，是幼儿思维的主要载体，也是教师读懂幼儿的关键。幼儿通过各种表征形式制作"行动问题卡"，能够让教师看见幼儿学习中的问题并有效帮助幼儿解决问题。行动问题的表征时间通常安排在集中教学活动中的讨论环节或一日生活中的自由活动环节。比如：新年音乐会彩排完，幼儿发现没有观众、节目太少、舞台简陋等问题，他们利用餐后自由活动时间将问题表征出来，并与同伴共同思考解决方法，最终确定大力宣传、增加节目、特邀神秘嘉宾等解决方案。幼儿将解决问题的办法一一标注在对应的问题卡上，据此跟进自己所遇到的行动问题后续是否得到了解决。

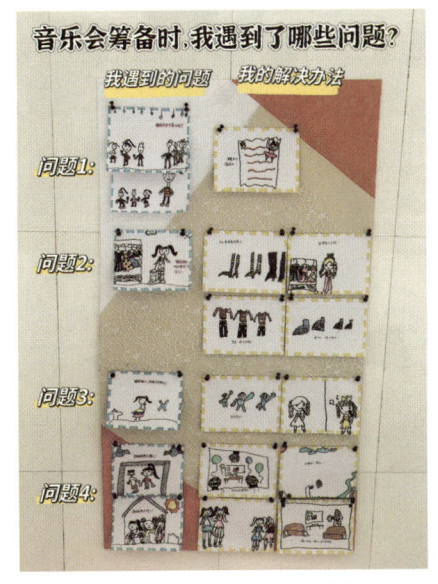

幼儿制作的"行动问题卡"

有了"行动问题卡"，幼儿解决问题的意识增强了，解决问题的方法也更加有针对性。更重要的是，问题解决成功率的提高，赋予了幼儿自信心与成就感，这将驱动着他们不断挑战困难、勇于解决问题。"行动问题卡"也让教师更加直观地了解到幼儿遇到的困难，为教师助力幼儿实现愿望提供了明确的方向。

（三）愿望故事海报

智慧缘起：

环境是课程实施的重要教育资源。教师应为幼儿创设一个体现"儿童立场""儿童思想"的教育环境。在愿望课程实施过程中，教师会定期组织幼儿回顾自己的愿望之旅，并让他们以表征的形式记录下来，通过清晰的图文呈现愿望实现的整个过程。为此，我们鼓励幼儿制作"愿望故事海报"，并张贴在班级廊道或园所环境中，与全园师生分享自己在愿望实现过程中的成长轨迹。

策略说明：

"愿望故事海报"作为一种可视化工具，对愿望课程的阶段性梳理与回顾起着重要的作用。有别于一般的儿童海报，它是一份散发着"故事味"的海报，主要呈现幼儿的愿望从萌发到实现的闪亮过程。幼儿园的班级环境创设倡导"动态留痕"，愿望故事海报的运用正是在践行这一理念。幼儿在实现愿望的过程中常常还会产生新的愿望，教师会根据实际情况让幼儿不断更新海报内容，我们也因此能看到幼儿的学习经验不断增长的过程。对于班级中年龄偏小、难以自主完成海报的幼儿，教师也会用照片来呈现他们"萌发愿望—实现愿望—感受幸福"的历程，帮助幼儿用清晰的图文脉络呈现出一个个生动有趣的愿望故事。

"愿望故事海报"启用后，幼儿对追求愿望实现更加感兴趣了。他们常常会主动交流海报里的成长故事，惊喜于自己在实现愿望过程中的成长，对幼儿园的生活也增添了更多新的期许。

愿望故事海报

（四）愿望助力帮帮团

智慧缘起：

幼儿在实现愿望的过程中，经常会遇到知识经验不足、材料欠缺、能力不够等问题，这些问题是他们无法独立解决的，但是他们又非常渴望实现愿望，于是"愿望助力帮帮团"便成立了。

策略说明：

"愿望助力帮帮团"是一个充满智慧、充满力量的智囊团，它将家长、教师、社区的力量集结在一起，为愿望课程的实施提供支持。在教师的帮助下，幼儿向家长和全园师生发布"征集令"，招募一批热心的帮帮团成员。成员以助力愿望实现为目的，伸出援助之手。例如幼儿可以邀请家长帮助查阅资料，以获得更丰富的知识；家长可以带领幼儿共同开展亲子调查、实地访问等活动。在幼儿遭遇愿望"滑铁卢"时，教师可以适时给予帮助和指导，支持幼儿解决问题；当幼儿在活动中产生争议时，教师可以组织辩论会、议事投票等活动，帮助幼儿正确看待生活中的问题，学会相处、学会生活。社区可以为幼儿提供真实场景进行体验和学习，实现幼儿当"小记者""宣传员"的愿望。

"愿望助力帮帮团"在幼儿实现愿望的过程中给予幼儿支持，家长以及社会力量与园所形成教育合力，助力幼儿实现愿望，让幼儿感受到温暖和幸福。

（五）达人派对

智慧缘起：

"独乐乐，不如众乐乐。"当愿望真正实现的那一刻，幼儿的情绪是激动的，他们渴望与人分享内心的喜悦。在课程实施过程中，"达人派对"是幼儿分享快乐的重要环节之一，它旨在通过高潮活动，让课程真正指向幼儿的幸福生活，为愿望之旅画上圆满的句号。

策略说明：

在"达人派对"中，幼儿可以通过多种形式分享愿望实现的喜悦。"达人派对"是一个涉及沟通协作经验及任务意识的综合活动。在活动中，幼儿不仅可以分享自己的愿望，还可以获得多方面的体验，拓宽视野。教师可以通过作品展、音乐会、博物展、游戏嘉年华等活动，支持、鼓励幼儿在公开场合展示自己的成长经验，讲述自己的愿望之旅，并邀请全园师生或家长代表参与到"达人派对"中来，分享幼儿的幸福感、成就感。"达人派对"是班级课程自然生发的产物。如在大班班本课程"幸福游乐园"中，幼儿萌发出"举行一场花车巡游"的愿望，由此又生发邀请神秘嘉宾（扮演"皇后"的园长妈妈）与观众（来访的客人老师、"愿望助力帮帮团"的成员）共同参与的愿望。幼儿分工协作，表演组、宣传组、道具组的幼儿共同造就了一场回味无穷的派对。

在"达人派对"中，幼儿分享着愿望实现的幸福，体验着同伴互助学习的乐趣，感受到自我成长的力量和童年生活的幸福。在这样的体验中，他们对身边的人、事、物的感知在不断提升，社会交往经验和学习品质也在悄然生长，这不就是愿望所带给幼儿的成长价值吗？

第三节 复盘与留念

当幼儿付诸行动实现愿望之后，他们对这独特的生活经历会产生真切且难忘的体会。教师应启发幼儿对愿望实现的过程进行复盘、总结。为此，我们通过开展"复盘大会"、制作"成长修炼手册"、举行"感恩节"活动等形式，使幼儿回顾自己努力实现愿望过程中的美好时刻，从中看到自我成长的力量，并产生对持续努力的认同和继续追求愿望实现的动力，也让幼儿在感受爱与关怀的生活里，学会表达爱意、谢意，充分体验生命成长的快乐与幸福，留下美好的童年回忆。

（一）复盘大会

智慧缘起：

在实现愿望的历程里，幼儿自主商讨策划活动，积极想办法应对问题。为了让幼儿觉察自己的能力，发现同伴的优点，培养赏识他人的心态，我们开展了"复盘大会"。教师带着幼儿以照片、视频及记录册等为载体，回顾梳理活动历程并进行反思，从而收获多领域的有益经验。

策略说明：

在课程进行到一定阶段时，教师会组织幼儿开展复盘式讨论。幼儿可以在空余时间与同伴进行自我复盘，也可以是在复盘讨论会上参与集体复盘。教师通过照片、视频等帮助幼儿回顾活动实施的过程，

复盘大会

并对课程脉络进行梳理呈现。如在大班班本课程"幸福游乐园"实施过程中，教师与幼儿共同复盘"花车巡游"环节，幼儿对自己第一次策划花车巡游过

程中付诸的行动及出现的问题进行自我反思与评价。在实现愿望后,教师组织幼儿开展复盘讨论会,对整个实现愿望的过程进行复盘,使幼儿在讨论中认识自我、发现自己的力量,并汲取同伴的有益经验。教师还鼓励幼儿将愿望旅程的经历及感受用画笔描绘下来,制作成"愿望故事手册",作为这段旅程的美好纪念。

愿望故事手册

复盘有助于帮助幼儿建立"成长型思维",每一次的复盘都是一次能力提升的过程。照片、视频、愿望故事手册能让幼儿更直观地回忆自己当时的心理感受,幼儿积极主动地分析讨论问题,总结自己的优点和不足,教师可以借此更清楚地了解幼儿的真实想法。

(二)成长修炼手册

智慧缘起:

教育应立足于幼儿的现状,并在充分了解和尊重幼儿的前提下,为幼儿的已有经验和未来经验架设"桥梁"。在愿望课程实施中,幼儿体验过愿望实现的成就感,也遭受过希望落空的挫败感。无论是什么样的体验,对于幼儿来说都是一次有意义的成长经历,为此,我们通过"成长修炼手册"帮助幼儿记录这一生命成长历练的过程。

策略说明：

"成长修炼手册"主要用于记录幼儿那些愈挫愈勇的实践经历。幼儿可以用自己喜欢的方式将自己或同伴在实现愿望过程中所体验到的心情记录下来，也可以将自己战胜挫折的方法记录其中，把自己的坚持和勇气、耐心和专注分享传递给同伴。例如中班幼儿在实现"飞"的愿望过程中，经历了试飞行动失败，但幼儿没有轻易放弃，为实现愿望不断寻找各种办法，面对困难勇往直前。为了让幼儿这些有益的个体经验成为集体共同的经验，教师鼓励幼儿将几次的"试飞经历"记录在"成长修炼手册"上。幼儿会在自由活动时间互相翻阅"成长修炼手册"，学习借鉴彼此的经验，并表达对他人的赏识与肯定。

成长修炼手册

"成长修炼手册"成为了幼儿学习经验的宝典，在与同伴共享经验的过程中，幼儿提高了语言表达能力、总结经验的能力。手册在班级中的传递，使幼儿养成了乐于分享、帮助他人的美好品质。幼儿能够从他人的经验中汲取能量，从而真正实现将个体经验转化成集体共同的经验。

（三）感恩节

智慧缘起：

在让幼儿感受实现愿望幸福的同时，也要引导幼儿学会感恩。为此，教师和幼儿商定在每学期的最后一个月开展"感恩节"活动，让幼儿以多种方式对帮助自己实现愿望的人表达谢意，使幼儿在感受幸福的同时，学会感恩、热爱生活。

策略说明：

"感恩节"设在每学期的最后一个月，教师与幼儿一起回忆愿望实现的过程，启发幼儿在感受愿望实现幸福的同时，心怀感恩，学会表达感激之情，回报帮帮团的爱与付出。

感恩对象：在"感恩节"前，教师可与每个实现愿望的幼儿聊一聊：你实现了什么愿望？在实现愿望的过程中，有谁帮过你吗？你最想感谢谁？不同的幼儿有不同的感恩对象，有的想要感谢好朋友的陪伴，有的想要感恩老师的帮忙，有的想要感恩爸爸妈妈的助力……

感恩计划：幼儿园创设"感恩畅想区"。幼儿确定感恩对象后，可利用区域时间或自由活动时间到"感恩畅想区"去制订感恩计划、制作感恩小礼物、编创感恩儿歌或舞蹈、录制感恩音频视频等等。一切准备就绪后，园所在"感恩节"的最后一周举办"感恩会"。

感恩行动："感恩会"举办这天，幼儿带着自己准备的小礼物、编排的儿歌或舞蹈表演、录制的音频视频等，通过互送小礼物、爱心宣言、爱的"抱抱"等形式，感恩给予他们帮助、让他们顺利实现愿望的人们。

"感恩节"的设立，让幼儿在活动策划中不断培养感恩之心，懂得知恩于心，感恩于行，学会珍惜朋友，感恩父母、老师。幼儿在活动中也在不断学习体贴和关心他人，培养乐于助人的良好品质。

课程故事

大班课程故事《给幼儿园穿上"花裙子"》

故事缘起：

桥南中心幼儿园南天裕景园区马上要过 10 周岁生日了。一天，自由活动时，当班老师"不小心"向孩子们透露了这件事，孩子们惊讶地围坐过来，聊起了"生日"这件事。

"啊？幼儿园也有生日？"

"幼儿园也要过生日吗？"

"幼儿园是过几岁生日啊？"

"幼儿园要怎么过生日啊？"

"幼儿园的生日是什么时候？"

"感觉很有意思很好玩。"

"不然，我们一起给幼儿园过生日吧！"

这个提议，瞬间成了孩子们与本班老师的共同期待。

每个幼儿对生日都会充满期待。听闻幼儿园要过生日了，幼儿无比好奇、兴奋、激动。他们主动提出给幼儿园过生日的想法正是一次很好、很有意义的课程生成契机。教师应赋予幼儿自主策划一场特殊生日派对的权利，让他们在这个过程中学会更好地与人相处和沟通，感受幼儿园这个大家庭的亲切与温暖，升华爱幼儿园的情感，同时在成长历程中留下美好的回忆。

精彩实录：

故事一：幼儿园 10 周岁生日啦

（一）关于生日，我知道……

雨涵：生日是长大了。

嘉欣：生日是庆祝出生的日子，要吃蛋糕、许愿、收礼物！

瑞森：生日时要说生日快乐，唱生日歌。

子琪：生日时要穿漂亮的衣服。

蕊儿：生日一年只有一次，是特别有意义的一天。

（二）幼儿园10周岁生日快到了，我们想……

子睿：我想要帮幼儿园过一个开心的生日。

蕊儿：开心的生日要许愿，幼儿园怎么许愿呢？

司韧：对啊，幼儿园又不会说话，怎么许愿？

是啊！幼儿园该怎么许愿呢？这可是个世纪大难题。就在教师以为这个话题会被幼儿略过时，子涵说："它的愿望应该是有许多朋友来参加生日会。"其他小朋友也纷纷回应："我生日的时候最想要礼物了，幼儿园肯定也想要。""会想要开个生日派对吧，一定非常好玩。""那我们一起帮幼儿园实现它的愿望吧。"……此刻，幼儿强烈的代入感让人产生了错觉：过生日的不是幼儿园，而是眼前这一群七嘴八舌的小萌娃！

教师思考：

对于给幼儿园过生日，幼儿表现出了异常兴奋的情绪，他们手舞足蹈地诉说各自的想法，开始出谋划策。幼儿园的"愿望"瞬间变成幼儿自己最迫切的期待，他们想要赶紧逐一实现提及的每个愿望和想法，由此可见幼儿自主策划幼儿园生日会的内驱力已经产生。于是，教师追随着幼儿的兴趣，陪伴他们共同谋划起来。

故事二：制作不一样的礼物

教师：幼儿园要过生日了，你们觉得需要用什么方式庆生？

嘉欣：生日要准备个大蛋糕！

雨涵：可以制作一些礼物送给幼儿园，祝它生日快乐。

瑞森：还要吹蜡烛许愿，然后为幼儿园唱生日歌。

佳彤：要邀请幼儿园的朋友来参加生日会，我就好想参加幼儿园的生日会呀！

学雅：那要准备很多好玩的游戏吧？大家一起玩才热闹。

教师：这些主意都不错，但幼儿园也有朋友吗？你们觉得它的朋友是谁？

思涵：我们所有小朋友都是幼儿园的朋友。

学雅：还有老师也是幼儿园的朋友。

子芮：还有总园的老师、小朋友也是啊。

欣欣：是啊，还有贝贝老师（分园负责人）也是幼儿园的朋友，可是她调到其他幼儿园了，我都好久没见到她了。

子芮：那我们怎么邀请不在幼儿园的朋友呢？

靖彬：可以请老师给他们打电话，也可以发微信给他们啊。

子芮：要有邀请函，就是那个红红的本子，上面可以写字的。

嘉欣：可是我们还不会写字。

佳佳：可以画画啊。

子诩：邀请函上面要画上许多小朋友，表示很欢迎他们。

当幼儿沉浸在邀请大小朋友的思绪中时，思涵突然说："那我们得提前把幼儿园好好打扮一下，让来参加生日会的朋友们看一看，幼儿园过生日时是漂漂亮亮的，比以前更美更好了。""对！贝贝老师看到我们把幼儿园照顾得很好，她一定会很开心，还会表扬我们。"幼儿的小心思让人内心瞬间涌起一股暖流，"幼儿园更美了""把幼儿园照顾得很好"这些话语不停在教师脑海中回荡，它们无不饱含着幼儿对幼儿园深深的感情。

可是幼儿园这么大，怎么装扮呢？幼儿开始讨论起来……

嘉欣：可以做拱门、扎气球、拉彩带。

子睿：劳动日的时候，我们先把幼儿园打扫一下，它就能变得更干净。

佳颖：我觉得给幼儿园戴个皇冠才好看。

瑞泽：不同意，皇冠那么小，戴在哪里都不好看。

子谐：给幼儿园穿小西装吧，我过生日时就是穿小西装，可帅气了！

沛芸：可以给幼儿园穿上漂亮的裙子吗？五颜六色的裙子一定很好看。

学雅：没错没错，做条好看的裙子送给幼儿园吧！

众幼儿："戴领结好看！""穿裙子好看！""都不好看，我就喜欢戴皇冠！"……

问题来了！幼儿你一言我一语互不相让，对于如何装扮幼儿园产生了不同的意见。

教师：大家意见不统一怎么办呢？

学雅：我们可以通过投票或者玩"剪刀石头布"来决定！

奕安："剪刀石头布"不好，我们可以分组啊。

小白：对，每一组装饰不同的地方，所有人的想法就都可以实现了。

小米：可以啊，幼儿园这么大，分工合作才会快些。

靖彬：是啊，这样幼儿园的每个角落都会变漂亮的。

教师：这个主意好！幼儿园的哪些地方需要打扮呢？

欣欣：幼儿园操场上有很多栏杆可以打扮，给它们穿上裙子吧。

佳颖：可以给自行车、滑板车戴上漂亮的领结。

佳彤：篮球架后面的墙壁空空的，也可以打扮一下。

……

教师思考：

从提议邀请幼儿园的朋友，到提出不同的装扮想法，再到最后接纳彼此的意见组成不同小分队，幼儿送给幼儿园的礼物已不再是传统意义上的物质，而是情谊、爱与和谐。我们从中也可以看出，幼儿具有提出独立想法的能力，这种能力在他们与同伴的交流中不断地发展着。

故事三：生日会筹备活动开始啦

（一）花裙组：给铁围栏"穿裙子"

裙子要穿在哪儿呢？幼儿们一起来到实地察看。

琳琳：穿在大门口的铁门上吧，这样大家都能看得见。

兰兰：不行不行，会影响开门的！

梓怡：能不能把裙子穿在外面的墙上呢？

小欧：不行啊，外墙太高了，我们上去很危险的。

圣达：你们看，我们可以把裙子穿在操场的围栏上，高度很合适，大家都能看得见。

用什么材料做裙子呢？幼儿纷纷提出了自己的想法。

佳佳：可以用报纸做裙子。

子睿：报纸下雨天容易破，我可以叫妈妈帮忙用布缝一条裙子。

琳琳：塑料不怕雨，上次环保主题走秀活动，我妈妈用垃圾袋帮我做了条裙子，很好看。

沛芸：对，琳琳的裙子是用彩色垃圾袋做的，很好看，我们也用彩色垃圾袋做裙子吧。

奕安：可是围栏的范围这么大，我们的裙子要做多大呢？

琳琳：对啊，范围太大了，我们要怎么做？

学雅：老师一定知道，老师你能告诉我们有什么好办法吗？

要把解决问题的方法直接告诉幼儿吗？老师犹豫了。幼儿找老师帮忙，这是否也是一种解决问题的办法呢？但转念一想，幼儿提出了问题，为什么不试着让幼儿自己去寻找答案呢？可以让他们自己多尝试，再来交流也不迟呀！

教师：老师目前没想到好办法，要不大家一起动动脑筋，然后再去试一试。

琳琳：幼儿园操场的围栏很长很长，我们就做条很长很长的裙子。

子睿：可能要边做边比对。

欣欣：这样很麻烦的。

米德：我们可以先量出围栏有多长。

学雅：对对对，量一量不就知道了？

幼儿分头找来测量工具，来到围栏前进行实地测量。

测量方案一：

测量工具：尺子。

选择理由：尺子上有数字，多量几次，再把数字加起来就可以知道围栏有多长了。

测量方式：两个人一前一后，边数边量。

测量结果：数不清。

测量心得：尺子太短了，测量的时候和同伴你数一下我量一下，要变换位置，还要对齐、数数，加上旁边的小朋友太吵，就数乱了，测量失败！

幼儿用尺子测量围栏长度

测量方案二：

测量工具：长条积木。

选择理由：积木比尺子长，多安排几个人测量就不会数乱掉。

测量方式：一个人拿一块

幼儿用积木测量围栏长度

积木，积木首尾相接，排列整齐。

测量结果：用了28块长条积木。

测量心得：围栏有28块长积木那么长，可是，28块长条积木具体有多长又要用工具量一次，测量失败！

测量方案三：

测量工具：无。

选择理由：简单易行，无需其他工具。

测量方式：小朋友手拉手排整齐。

测量结果：第一次测量，由15个小朋友手拉手完成；第二次测量，由20个小朋友手拉手完成。

测量心得：为什么两次测量需要的人数不一样？测量失败！

幼儿手拉手测量围栏长度

幼儿使用尺子、积木、肢体进行测量，他们发现：围栏那么长，尺子和积木都太短了，用它们测量不仅要花很多时间，还要进行二次测量；借助肢体进行测量，手臂张开后的间距每次都不一样，导致结果不准确。三种方式都没能测量出裙子究竟该做多长。苦恼的孩子们再一次找到老师。"老师，我们试了很多种方法，都量不出来。"琳琳愁眉苦脸地向老师诉说遇到的困难。"你们觉得还有谁可以帮助我们想想办法呢？"在老师的引导下，幼儿决定各自回家请爸爸妈妈帮忙想想办法。

在爸爸妈妈的帮助下，幼儿想出了各种好办法：比如用长绳子量、用卷尺量、用长长的软皮尺量，他们还从家里带来了测量工具。大家经过讨论后决定用测量跑道用的软皮尺进行测量，这样就可以直接测出围栏的长度啦！

"小裁缝"们用自己的方法量好围栏的"尺寸"后，便开始搜集各种材料，为他们即将产出的"旷世大作"作准备。为了更顺利地完成花裙子的制作，幼儿还主动提出想上网学习各种制作技巧……这段时间里，总能看到他们埋头苦干的身影。

幼儿动手制作花裙子

在幼儿的共同努力下，一条长长的色彩斑斓的花裙子诞生了。

子谊：这条裙子穿在身上一定很霸气。

奕安：裙子软软的，躺在上面很舒服。

伊然：裙子像一条长长的龙。

佳颖：幼儿园穿上花裙子真漂亮！

幼儿给围栏穿上花裙子

（二）墙面组：帮空白墙"贴花黄"

小夫：墙面太空了，可以在墙上画一些小动物。

奇奇：我星期六去上画画兴趣班，看到有一面墙上粘满了玩具，很好看。

乐凯：那我们可以把家里不玩的玩具收集起来，粘在墙上，把它变成"玩具墙"。

温斯：哇，这我喜欢，肯定很酷。

经过讨论，幼儿决定用自己淘汰的旧玩具来装饰墙面。为了把墙面打扮得更漂亮，幼儿还将收集来的玩具进行了细致的分类。在幼儿的合作下，空白的墙面变成了漂亮的玩具墙。

幼儿用玩具装饰墙面

(三)领结组：给自行车"戴领结"

一直想给幼儿园戴领结的小朋友摩拳擦掌，在家里学习打领结的方法。在他们的努力下，班上多出了好几位戴领结的"自行车绅士"。

幼儿学习打领结

幼儿给自行车戴领结

（四）礼物组：向幼儿园献个礼

在各小组热火朝天地忙碌时，礼物组的小朋友们也不甘示弱，一份份充满童真的礼物不断出现在我们的眼前。

幼儿给幼儿园准备生日礼物

51

（五）清洁组：让幼儿园会"发光"

小小清洁师们发挥人多力量大的优势，邀请其他班级的小朋友共同加入大扫除活动。幼儿通过协商规划劳动区域，大家自由选择打扫区域；共同制订劳动计划表；各区域负责的幼儿通过讨论记录劳动所需工具。一切准备就绪后，他们便踏上了劳动的旅程。

幼儿打扫幼儿园

（六）派对组：办一场隆重的生日会

装扮好环境之后，幼儿便把思绪转向接下来的活动——准备生日会节目、竞选主持人、制作邀请函……勤劳的"小蜜蜂"们又忙活开了！

桂镜：要表演节目庆祝幼儿园的生日。

罗浮：我们把幼儿园打扮得这么漂亮，生日会那天我们也要穿上漂亮的衣服参加。

新斯：对了，我们要记得画邀请函，邀请很多朋友来参加。

课程故事

幼儿绘制的节目单

佳佳：哇，好期待啊！

1. 排练节目。

幼儿把自己的"绝活"统统拿了出来，有的唱歌、有的跳舞、有的演奏乐器，还邀请了爸爸妈妈参与演出……

2. 竞选主持人。

主持人竞选非常激烈，参赛选手们大胆且自信地向小伙伴们展现自己最优异的一面。最终经过大家的投票，陈禹安小朋友以最高票数当选主持人。

竞选主持人

3. 制作邀请函。

幼儿对制作邀请函提出了许多的建议：要把园标画进去，要呈现表演的节目来吸引嘉宾，画面色彩要丰富，要标注节目时间……

幼儿制作的邀请函

53

4. 制作姓名牌。

为了让邀请来的嘉宾能够知道自己的座位在哪里，幼儿提出了投放姓名牌的想法。老师把嘉宾的名字告诉他们，幼儿发挥奇思妙想，画出了一张张有趣的"姓名画"。

幼儿制作的姓名牌

教师思考：

幼儿怀着对幼儿园浓浓的爱，通过自身努力成功实现打扮幼儿园的愿望。整个活动过程中，他们表现出前所未有的积极与主动，由爱而生发的执着与热情，让他们身处在畅想中，参与每一件事，实践每一个想法。教师在追随幼儿的过程中，看到他们为实现愿望付出了努力，看到闪亮的劳动成果给大家带来满满的成就感、幸福感。

故事四：快乐的生日会开始了

大家怀着无比喜悦的心情，迎来了幼儿园的生日会。这天，老师和小朋友都穿着靓丽的服装，与邀请的来宾共同参与到生日会活动中。

（一）精心布置会场

在幼儿的精心布置下，幼儿园以焕然一新的面貌迎接所有来参加生日会的朋友。

会场布置

（二）热情接待来宾

幼儿热情地接待来宾，微笑着向来宾介绍本次生日会活动，彬彬有礼地引导来宾有序签名、落座。

接待来宾

（三）喜气洋洋唱祝歌

小主人们捧出了生日蛋糕，为幼儿园庆祝十岁生日，大家喜气洋洋一起高唱生日歌。

（四）情感大爆发

幼儿园的朋友——海丝园的娜娜老师（南天园第一任负责人）、福捷园的贝贝老师（南天园第二任负责人）上台发言。她们为孩子们自主举办的这场生日会而感动，在表达对幼儿园、对孩子们的情感时流下了泪水，温馨感人的画面感染了现场的每一个人。

扫一扫，观看活动视频

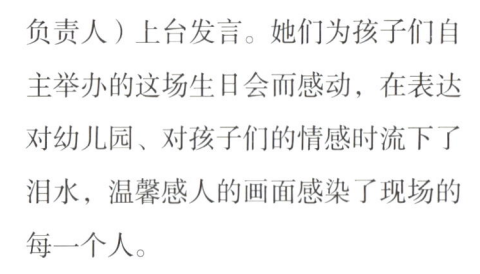

（五）师幼舞台展风采

师生们纷纷献上了精彩的节目，他们用自己的方式表达着对幼儿园的爱。

老师们上台发言

师生表演节目

课程故事

师生表演节目

57

会场外的家长们也通过图片、视频等分享了生日会活动的精彩瞬间，并在微信朋友圈纷纷表达了对孩子们的赞许、对幼儿园的祝福。

教师思考：

对幼儿而言，这不仅是一场仪式感满满的生日会，更是他们与同伴一道享受生活的成长历程。精心筹办生日会的每一个瞬间，都将给幼儿留下在园幸福生活的美好回忆。

故事五：复盘生日会

温馨、热闹的生日会结束了。回到班级后，教师带着幼儿回顾了整个活动过程，幼儿纷纷表达了自己的感受。

教师：幼儿园的生日会结束了，你们有什么感受呢？

鸿铭：幼儿园的生日会太热闹了，大家都很开心，明年我还想给幼儿园过生日。

斯晨：第一次给幼儿园过生日，感觉很特别，都舍不得离开我们的幼儿园了。

弘婧：今天我和好朋友一起上台表演节目，为幼儿园庆祝生日，我感觉很开心。

子琪：我们把幼儿园打扮得太漂亮了，我希望幼儿园永远都这么漂亮。

政楠：今天真是太开心了，感觉就像自己过生日一样。但是，看到贝贝老师哭，我也偷偷哭了。

教师：为什么在这么开心的日子里，还会哭呢？

米娅：可能是因为实在太开心了吧，我也哭了。

政楠：贝贝老师说她离开幼儿园以后很想很想回到我们幼儿园，很想很想我们，然后她就哭了，我突然也就很想哭了。

鸿铭：贝贝老师回来参加幼儿园的生日会很感动，太感动了就会想哭。

教师：是的，贝贝老师看到幼儿园变得这么漂亮，看到小朋友们这么热情，她又激动又感动，就不由自主地哭了。

米娅：老师，我一想到我们要毕业了，要离开幼儿园了，明年就不能参加幼儿园的生日会了，我就很想哭。

子琪：我太喜欢幼儿园、老师和我的好朋友了，毕业后我还能回来参加幼儿园的生日会吗？

教师：当然可以，幼儿园和老师也会永远记住你们的。到时候让小班、中班的弟弟妹妹给你们发邀请函，欢迎你们回来。

有哭，有笑，有你，有我，有爱，有情，一切美好尽在其中……

教师：你们觉得今天的生日会还有哪些需要改进的地方呢？

一帆：今天太阳很大，我们被晒得很热，一直挪椅子，我觉得这个做得不够好。

梓怡：我们要安排一个可以给观众遮太阳的地方，这样就不怕晒了。

怡含：我们还可以给每位来宾准备一束鲜花，这样显得更热情。

子涵：幼儿园这么漂亮，我们可以多拍几张照片，让爸爸妈妈也看看。

子琪：可以请爸爸妈妈来参观我们的幼儿园。

穆尼：我们可以问问其他人参加了今天的活动有什么感受。

幼儿带着问题，找到参加生日会活动的老师、同学、保安叔叔等人，询问并记录了他们参加生日会的感想。大家对生日会的肯定及称赞强化了幼儿的荣誉感和满足感，同时也激发了他们奋发向上的力量。

课程感悟：

幼儿园建园十周年，幼儿萌生为其过生日的愿望。教师首先关注到这是幼儿内心的真实声音和真实需要，继而通过师幼谈话、价值辨析来确定过生日的愿望是否对幼儿的发展具有价值。对愿望进行价值辨析，是创生课程的重要支点。接下来在幼儿筹办生日会的过程中，教师陪伴幼儿开展活动，不断地给予幼儿支持与鼓励，从中感知到赋予幼儿自由生长空间的价值与意义。

在愿望课程开展过程中，幼儿获得了成长。幼儿结合自己过生日的经验帮助幼儿园筹划生日会活动，在教师向幼儿征求想法时，幼儿积极地参与讨论，主动地投入实践，从中能看出他们正成为饱含热情的学习者，以主动探索、反复尝试、积极合作的姿态向心中的愿望目标不断迈进。幼儿提出的给幼儿园"穿花裙子"的想法，饱含幼儿可贵的想象力与创造力，承载着幼儿对幼儿园深切美好的情感。从接受爱到付出爱，幼儿在尝试实现愿望的过程中，不断深化对情感的体悟。生日会的举办将愿望课程推向了高潮，圆满呈现的活动让幼儿看到了自己付出的努力取得了收获，大家开始朦朦胧胧地感知到小小的自己亦有大大的能量，从而能够以更加自信的姿态去迎接未来生活中的更多挑战。

（张阿蓝　李晓红　李雅菁）

大班课程故事《毕业啦，我想……》

故事缘起：

六月转瞬即逝，眼看着毕业的时刻即将到来，大班幼儿感到了分离的焦虑和不舍。他们在日常交流中总会说起"毕业""分离""以后会不会再相遇"……幼儿在"心愿站"许下了许许多多的愿望：有的想在毕业前和好朋友多玩几次自己最喜欢的水区游戏；有的想把幼儿园最美的角落画下来，永远记住它；有的想把老师的样子画下来；有的想和幼儿园一直在一起，不分开；有的想多和幼儿园、老师、好朋友合照，永远记住他们……这些愿望饱含着对老师、同学的不舍，对幼儿园的眷恋。于是，教师根据幼儿的愿望开启了课程"毕业啦，我想……"，让幼儿大胆畅想，支持幼儿的行动，让他们在幼儿园生活的最后阶段留下美好的回忆。

精彩实录：

故事一：毕业前，我们的 N 个想法……

时光荏苒，毕业的脚步越来越近，孩子们将迎来他们人生中的第一次"毕业"。在最后一个月短短的时光中，幼儿对"毕业"有什么想法？又将如何度过这一个月的时光呢？我们决定从聆听幼儿的心声开始，徐徐拉开毕业的帷幕。

乐宸：我舍不得离开幼儿园，这里的大型滑梯、水区游戏给了我很多快乐！我要谢谢幼儿园。

芸淑：我们要谢谢老师和保安叔叔，谢谢他们的照顾。

浩阳：我要谢谢我的好朋友昊汉，玩结构游戏时，他总是教我搭高楼，我想送他一个他喜欢的小玩具作为纪念。

小诺：老师，我想要和你一直在一起。

雅桑：Together.

泽霖：雅桑，你又说英语了，什么意思呀？

雅桑："Together."就是在一起的意思，我想和幼儿园、老师、小朋友永远在一起不分离。

昊汉：对，我们要永远记住幼儿园，幼儿园也会永远记住我们的。

教师：那你们想到什么好办法，让我们可以一直在一起？

恩泽：老师，我们可以给幼儿园留下纪念品吗？这样幼儿园就能记住我们啦。

恩泽的提议得到其他小朋友的赞同，那么要留下什么纪念品呢？孩子们纷纷讨论起来："我们可以制作一张奖状，送给爱我们的老师，谢谢他们三年的辛苦付出。""我想和小伙伴一起制作手工作品，把它装饰在幼儿园里，老师、小朋友看到这个作品，就会想到我们啦！""幼儿园有一个大戏水池，我们可以送给幼儿园一只小船，让弟弟妹妹们记住我们。""我想编一首诗送给幼儿园，让幼儿园的小朋友们都能朗诵我们编的诗。""我们可以在花园里种下一棵树，小树代表我们，我们就还和幼儿园在一起。"

幼儿在愿望墙上展示"毕业前的100个愿望"

教师思考：

幼儿的情感要在真实的情境中才能被激发。要毕业了，将和陪伴自己三年的幼儿园、老师、同学分别了，幼儿的不舍之情、感恩之情油然而生。他们许下了诸多愿望，这些愿望承载着感恩、祝福和希望。幼儿纯真而可贵的情感，值得成人去守护，去支持幼儿表达情感的行动。

故事二：我们的快乐行动

（一）制作手工作品，装饰幼儿园

恩泽：我们可以利用区域活动时间，在美工区制作手工作品。

昊汉：可以收集瓶盖、雪糕棒、扭扭棒来制作，这样作品会更立体。

乐宸：我们可以统一使用一个模板，这样看起来会更整齐。

雅桑：我们一起分工合作，制作的作品可以摆放在幼儿园门厅的展示柜里。

幼儿制作的手工作品

经过设计方案、收集材料、同伴合作，幼儿在美工区成功完成了手工作品制作，把幼儿园门厅装饰得漂漂亮亮的。

（二）设计奖状，送给辛勤付出的人

洋洋：我们设计好奖状，请老师帮我们写字。

锦妍：可以在奖状上写上是由我们大二班小朋友颁发的，还能给幼儿园评个奖呢！

小诺：我们把奖状装饰得漂亮些，可以用超轻黏土还有各种小纸花来装饰。

李岱：我们可以设计不同的奖状，颁发给不同的人。

芸淑：我也赞成，还能把奖状颁发给老师、阿姨呢！

幼儿设计的奖状　　　　幼儿把奖状颁发给保育员阿姨

（三）种下一棵树，和幼儿园一直在一起

种树的想法得到小朋友们的全票支持，他们一致认为，这种方法能实现"让幼儿园永远记住我们，我们也永远记住幼儿园，我们永远在一起"的愿望。可是种什么树？树苗从哪里来？种在什么地方？谁来照顾？孩子们面临着很多的问题，他们会通过怎样的努力来实现这个愿望呢？

1. 种什么树？

浩阳：种果树，秋天可以摘很多果实分享给全幼儿园的小朋友品尝。

雅桑：可以种榕树，夏天小朋友们可以在树下乘凉、玩游戏，就不怕大太阳晒了。

恩泽：可以种一棵玉兰树，玉兰花很香，让幼儿园每天都香香的。

芸淑：是呀，等明年树长大后，会开满玉兰花，幼儿园里飘满花香，大家就会想起我们大二班的小朋友了。

2. 树从哪里来？

浩阳：可是，树苗从哪里来？

洋洋：可以回家问问爸爸妈妈，去哪里可以买到小树苗。

恩泽：我姑姑经常通过网购买东西，我可以让我姑姑帮忙买。

浩源：老师，你能帮我们查一下网店有卖树苗吗？

孩子们迫不及待请老师查阅起来，他们惊喜地发现网店里什么树苗都有，可是买树苗需要不少钱，钱从哪里来？

教师：买树苗需要一笔钱，这钱从哪来呢？

乐宸：可以找爸爸妈妈要。

浩源：可以拿我的压岁钱。

泽霖：可以开个"跳蚤市场"，卖东西赚钱。

教师："跳蚤市场"可以卖什么东西？

溪桐：可以卖玩过的玩具、看过的图书、毛绒娃娃、饰品……

幼儿开始分小组讨论，并做计划，用简单的图示记录自己要带来"跳蚤市场"贩卖的物品，预估可卖出多少钱。

幼儿为"跳蚤市场"做计划

3.举办"跳蚤市场"活动。

（1）收集物品。

做完计划后，孩子们开始为举办"跳蚤市场"活动作准备。他们跟爸爸妈妈一起整理自己的闲置物品，大家都表现得很慷慨，毫不吝啬地带来了自己的玩具、图书等。

（2）物品分类、定价。

收集来的玩具种类五花八门，怎么定价售卖呢？

智轩：将大的玩具分一类，小的玩具分一类。

泽霖：还是按物品的类别来分比较清楚，同类的物品再按大小分类。

乐宸：我觉得可以按物品价格来分类，可以分成2元区、5元区、10元区。

经过讨论，小朋友们最终决定按照物品价格来分类。他们开始分组整理物品，预估物品的价格并贴上价格标签，将物品按价格归类到2元区、5元区、10元区，并制作了大张的能立在桌面上的价格牌。

（3）宣传活动。

商品准备就绪，幼儿商量着活动的时间、地点。他们制作了邀请函、海报，分小组到各个班级宣传。

（4）场地布置。

"跳蚤市场"活动开展前，小朋友们合作布置场地，有的搬桌子、搭帐篷，

幼儿布置"跳蚤市场"活动场地

有的给气球打气，有的摆放物品，大家都在忙忙碌碌地准备着。

（5）开展售卖。

期待已久的"跳蚤市场"活动如期举行。瞧，一个个摊位整齐有序地摆开来，商品有玩具、图书、小饰品，琳琅满目，令人目不暇接。小朋友们的欢笑声、还价声、吆喝声此起彼伏，活动现场人声鼎沸。

热闹的活动现场

（6）结算统计。

活动结束后，各个摊位的幼儿开始计算自己的"营业额"，数钱的过程中，问题出现了：钱币太多了，有纸币、有硬币，数不清楚怎么办？他们开始讨论各种数钱的办法。

方法一：按人民币面值分类。

陶轩：我们可以将人民币按面值分类，把5元的整理在一起、10元的整理在一起，硬币另外数，这样就不容易乱了。

方法二：用按群数数的方法数硬币。

幼儿迁移了数学经验，用按群数数的方法数硬币。

锦妍：我妈妈是超市收银员，我看见她数硬币是把硬币10个10个叠在一起，一叠10个1元的硬币就是10块钱。

67

大家尝试用锦妍提议的方法，把硬币10个10个叠一叠，再数共有几叠就很快算出总金额了。

幼儿统计"跳蚤市场"收入

最后幼儿用简单的图示记录各个面值的人民币数量，借用教师的计算器进行合计，算出了总收入是722元。孩子们激动得跳起来，筹到的钱比他们需要的钱多出很多，于是他们决定再买一棵桂花树苗。

下单后，孩子们盼星星、盼月亮，天天关注着物流的动向，在孩子们的殷切期盼中，小树苗终于送来啦！

4. 把小树苗种在哪里？

孩子们迫不及待而又小心翼翼地打开包装，两棵嫩绿的小树苗出现在眼前，要把小树苗种在哪里呢？

芸淑：可以种在二楼同心园，那里离老师的办公室近，老师每天从那边走过看见这两棵树，就会想起我们。

露垚：可以种在小木屋旁边，那边景色更美丽，我们经过的时候还可以看到它们。

李岱：种在三楼菜地吧，菜地有足够的泥土，能让小树快快长大。

梓娴：我觉得可以种在操场围墙边的花圃里，等我们毕业后经过幼儿园时还能看见小树，闻到花香。

园长带幼儿实地考察种树地点

孩子们把他们选择的种树地点画下来，并派出代表与园长协商，征求园长老师的意见。园长老师带着他们进行实地考察，孩子们发现菜地土层太薄、小木屋在树荫下不适宜种树，最后决定把地点定在二楼老师每天都能经过的同心园和操场围墙边的花圃。确认种植地点后，在保安叔叔的帮助下，两棵小树种好了，孩子们轻轻地为小树埋土、浇水，忙得不亦乐乎。

5. 给小树取名字。

李岱：我们给小树取个名字吧，不然幼儿园有这么多大大小小的树，我们会分不清楚的。

浩源：对呀，有了名字，我们就能记住它们了。

教师：那你们想给这两棵树取什么名字呢？

雨馨：叫爱心树吧，它们代表着我们班全体小朋友满满的爱。

小诺：叫彩虹树吧，我希望它们会像彩虹一样漂亮。

浩源：叫擎天柱吧，希望小树和我们都可以长得像擎天柱一样。

锦妍：可以叫六月，因为我们是在六月份种下这两棵树的，我们也是在六月份毕业的，这个名字可以让我们记住种树的时间。

"六月""擎天柱"这两个名字颇得孩子们的喜爱，他们决定把种在同心园的桂花树取名为"六月",把种在操场围墙边花圃里的玉兰树取名为"擎天柱"。孩子们还亲手制作名牌给两棵树挂上。

幼儿种下树苗

6. 许下愿望。

孩子们提出对着小树苗许愿的想法,雅桑说:"这两棵充满爱的小树苗一定会帮助我们实现愿望的。"于是孩子们一起闭上眼睛,双手合十小声地许下心愿。

"希望我的六月能够快快长大,开满桂花,香飘满园。"

"小树小树,等我戴上红领巾,我再来看你们。"

"我希望小学生活能和幼儿园一样有趣。"

"我希望毕业后,还可以回来幼儿园,看看我亲爱的老师。"

"我不想离开幼儿园,希望我们能在一起久一点。"

幼儿在树前许愿

孩子们在小树上挂上许愿卡，把所有的美好心愿寄托在小树苗上，跟着小树一起生根发芽。

7. 永远在一起。

为了让小树苗在花圃中显得与众不同，孩子们制作了祝福语卡片和铃铛为小树装饰；为了守护好小树，能够和小树一直在一起，他们每人拿了一块鹅卵石画上自己的笑脸，34块笑脸鹅卵石围成一个圈，代表着34个小朋友陪伴在小树身边和它一起长大。孩子们说：这样，我们就能和幼儿园永远在一起了……

幼儿在鹅卵石上画笑脸

幼儿制作了祝福卡片挂在树上

风儿吹过，树上铃铛叮当作响，好像在告诉云儿，大二班的小朋友是多么爱幼儿园！

8. 交接仪式。

很快就要毕业了，孩子们最放心不下的还是"擎天柱"和"六月"。

昊汉：我们快毕业了，谁来照顾两棵小树苗呢？

雨馨：老师、阿姨每天都很忙，可能没时间照顾小树。

昊汉：我们快放暑假了，我们可以过来照顾它们啊！

子宸：可是开学以后树苗也需要有人每天照顾，谁有空呢？

芸淑：我们找小班、中班的弟弟妹妹吧，他们每天散步的时候可以过来照看小树苗。

恩泽：放假的时候，我们可以请保安叔叔帮忙照顾呀！

放心不下小树苗的孩子们，决定把照顾小树的重任交给弟弟妹妹和保安叔叔。他们举行了小树苗的交接仪式，并再三嘱咐弟弟妹妹和保安叔叔："要多看看'六月'和'擎天柱'。""看到泥土太干的时候要为小树苗浇浇水。""一次不能浇太多水。""要及时给它们修剪枯黄的叶子。"……

小树苗的交接仪式

（四）献上一首诗，留下爱的宣言

毕业是离别的日子，在毕业典礼那天，孩子们的心情五味杂陈。

芸淑：今天是我们在幼儿园的最后一天了，我们最后一次为"六月"和"擎天柱"浇水。

陶轩：今天我们就要离开幼儿园了，我想再多看一眼我们的幼儿园，多看看老师和小朋友。

锦妍：我们要把他们统统记在心里，永远都不要忘记。

李岱：今天要开开心心的。

溪桐：对，我们要开心地告别。

孩子们用一首小诗表达对小树、幼儿园、老师的美好情感：

> 回首三年幼儿园时光，
>
> 我们一起手拉着手，
>
> 走进我们的幼儿园。
>
> 老师的爱，像大海，
>
> 我是小鱼，怎么游也游不到边。
>
> 老师的爱，像草原，
>
> 我是小马，怎么跑也跑不到头。
>
> 三年后的今天，我们即将分离，
>
> 寻找各自的未来。
>
> 三年时光，一晃而过，
>
> 这将成为我们永远的回忆。
>
> 再见了，我们最爱的幼儿园！

孩子们带着爱、带着眷恋、带着不舍，把送给幼儿园的诗，用表演的形式展示给老师、阿姨、保安叔叔，还有弟弟妹妹们。这三年美好的时光将成为他们永久的回忆。

教师思考：

在幼儿关于毕业的 N 个想法中，我们可以看到幼儿有极其丰富的内心世界。他们迫切地想通过行动实现自己毕业前的美好愿望，想留下纪念品来表达对幼儿园、老师、阿姨的深深眷恋。在"毕业前的 100 个愿望"心愿墙上，可以看到幼儿的单纯与质朴，看到幼儿的热情与祝福，更可以看到幼儿的成长。为购买小树苗举行义卖筹钱，给小树苗取名，向小树苗许愿，为幼儿园献诗，这些都是幼儿特有的爱的表达方式。幼儿把代表自己的鹅卵石围在小树身边，守护着小树苗茁壮成长，就仿佛是他们一直和幼儿园在一起，从未离开过，这份纯真值得我们用心去守护。

故事三：毕业后，我们回来啦！

（一）幼儿园，我们回来了

毕业后，孩子们经常通过微信、电话与老师联系，关切地问起"六月"和"擎天柱"的生长情况，老师也经常拍照传给孩子们看。

梓希：老师，我想回幼儿园看看"六月"和"擎天柱"。

小诺：珊珊老师，悦悦老师，你们还好吗？我想你们了。

感受到孩子们心系幼儿园，老师决定举行一场见面会，让毕业的孩子们重返校园。

芸淑：没想到还能回到幼儿园，看看我最爱的老师、可爱的幼儿园。

昊汉：好激动啊！又可以回来看看"六月"和"擎天柱"了。

（二）老师们的欢迎礼

为了迎接孩子们的到来，老师在"六月"树下精心准备了茶话会点心。

毕业后的幼儿重返校园

(三)我们没有忘记你

虽然已经离开了幼儿园,但是孩子们仍然时刻惦记着亲手种下的两棵小树苗。

芸淑:我很想"六月"和"擎天柱",每次路过幼儿园的时候,都到围墙边去看看"擎天柱",我也很想进幼儿园看看"六月",但保安叔叔说不能进来。

梓希:我经常会想起我们的"六月"和"擎天柱",它们还好吗?弟弟妹妹有没有好好照顾它们?

锦妍:我经常在想它们什么时候会开花,让幼儿园里所有的人都闻到花香。

昊汉:我每天放学回家都会经过幼儿园,看到"擎天柱"的叶子有点枯黄了,我很担心,就从书包里拿出矿泉水,伸进围栏给它浇浇水。

恩泽:我们今天难得回到幼儿园,我们再给小树浇浇水吧,让它们知道我们很想念它们。

教师:你们一直惦记着幼儿园,老师也没有忘记你们,常常翻开毕业纪念册,看看你们灿烂的笑容。

重返校园的幼儿在察看小树的生长情况

（四）我们永远在一起

孩子们看到同心园鱼池里的鱼妈妈又生了很多鱼宝宝，开心地喊起来。

芸淑：哇，这么多小鱼宝宝，好可爱呀！可以送我一条带回家养吗？

锦妍：我也想养一条幼儿园的鱼宝宝，这样我就会经常想起幼儿园了。

雅桑：对，我们种的小树留在幼儿园，幼儿园里的小鱼跟我们回家，这样幼儿园会想起我们，我们也会想起幼儿园，我们和幼儿园就永远在一起了。

幼儿"领养"了鱼宝宝

教师思考：

幼儿的美好情感需要得到成人的理解、欣赏与呵护。幼儿已经毕业离开幼儿园了，还保留着对幼儿园的热爱，这多么难能可贵！教师邀请幼儿回到幼儿园，与幼儿重温在一起的温馨时光，让这份情感得以延续，呵护幼儿纯真与温暖的心灵，对幼儿的成长与发展具有重要意义。

课程感悟：

回顾审视这个课程故事，我们从儿童的愿望中看到了什么？

1. 幼儿的内心世界丰富多彩。

面对即将到来的毕业，幼儿内心充满了眷恋和不舍，由此生发出许多表达内心情感的愿望：制作手工作品装饰幼儿园、给辛勤付出的人颁发奖状、种上一棵纪念树、给幼儿园献上一首诗……从这些愿望中我们足以窥见幼儿对生活抱有强烈的好奇与充沛的热情,愿望源自他们具体的生活经验,折射出他们丰富多彩的内心世界。面对幼儿的种种想法,教师需要作出分析、理解和回应,才能真正看见每一个幼儿的内心并支持其成长。

2. 幼儿的思维充满想象力与创造力。

在实现愿望的过程中,幼儿遇到了一个又一个问题。面对这些问题,他们开动脑筋,共同讨论,思考解决问题的方法。为了筹措购买树苗的资金,他们从"身无分文"的穷小孩摇身一变为"当家做主"的小老板;在计算收入的过程中,他们能够运用分类、按群数数的数学思维方式进行统计。教师支持幼儿自主讨论,独立思考,激发了幼儿积极尝试的勇气与信心,催生出富有想象力与创造力的问题解决方式,积极思考与勇于实践帮助幼儿成功实现了自己的种树愿望。

3. 幼儿的情感纯真细腻。

即将到来的离别激发起幼儿内心丰沛的情感。在讨论毕业愿望的过程中,他们真诚地诉说着心中强烈的不舍,希望通过自己的方式表达对老师、阿姨和保安叔叔的感恩和谢意。他们学会了借助事物寄托自己的情感,通过种树这样富有意义的方式实现想和幼儿园"一直在一起"的愿望。而教师也以组织毕业后的见面会的形式回应幼儿的纯真细腻的感情,在双向的情感流动中,呵护幼儿真诚而美好的内心,进一步提高幼儿的情感交流能力。

(翁秋悦　王珊珊)

中班课程故事《闽南下大雪，能实现吗？》

故事缘起：

闽南下大雪，能实现吗？这是很多南方人的念想，也是中四班小朋友的期待。有一天餐后，孩子们围坐在一起，阅读关于"雪"的绘本。"快看！是雪人！""哇，下雪真好玩！瞧，小动物们玩得真开心啊！"孩子们从绘本里看到了下雪的景象，格外兴奋，你一言我一语，聊得不亦乐乎。"如果，我们这儿能下大雪就好了！""对呀对呀，我好想打雪仗呀。"就这样，"下雪"成为了大家共同期待的事情，中四班的小朋友们开始幻想着下雪时的种种美好。

然而福建下雪并不常见，那么究竟要如何实现幼儿的愿望呢？教师和孩子们畅聊起来……

教师：雪，是什么样子的呢？你们见过下雪吗？

心心：我的老家有下雪，雪是白白的、冰冰的。

康康：我只有在电视上看过下雪，下雪太好玩了，可以打雪仗。

小夕：我见过的雪像泡沫一样，落在头上会湿湿的。

佳怡：我外婆家在湖南，那边就会下雪。外婆说，雪会铺满整个院子，看起来白茫茫的。

教师：什么时候才会下雪呢？我们这里会下雪吗？

凯凯：要等到很冷很冷的时候，就会下雪了。

小夕：等到过年的时候，就会下雪。

秉稷：在很高很高的山上，就会下雪。

锦茹：我们这里是不会下雪的，北方才会下雪。

教师：如果下雪，你们想要怎么玩呢？

康康：真希望可以下大雪，我可以堆一座雪城堡。

佳宜：我想和好朋友一起打雪仗。

睿涵：下一场雪吧，我就可以玩雪橇了。

沁芯：我可以和好朋友一起堆雪人。

小夕：我好想在雪里跳我最喜欢的舞蹈。

苏昕：希望小雪花飘落下来，我能用手接住小雪花。

"晋江是不会下大雪的。""但是，我们真的好想玩雪。"大家既期盼又失落。孩子们想要看雪、玩雪的愿望能实现吗？

教师：我们生活的地方不会下大雪，怎么办呢？

康康：我们去北京载一车雪回来吧。

可可：我要回老家装一袋雪回来，和大家一起玩。

佳怡：可是雪会融化的。

子庚：圣诞节的时候，商场里有下雪，泡泡就是雪。我们也可以用泡泡来造雪啊！

教师思考：

幼儿的愿望不仅仅只是看到一场雪，堆雪人、打雪仗、玩冰球等等，这些才是幼儿最期待的事情。愿望如此美好，但是却又难以实现。教师也想了许多方法，如去一趟"冰雪世界"、去商场邂逅"泡沫雪"等，可这些方法都不符合幼儿的本意。于是教师想，愿望来源于幼儿，还是多听听他们的想法吧。

精彩实录：

故事一：造雪行动开始啦……

子庚提出的"造雪"想法激发了大家的兴趣，于是，中四班的造雪行动开始了……

（一）撕纸张造雪

煜宁：我们可以用白纸呀，如果我们把白纸撕得碎碎的，再把碎屑向上扔，就能制造出下雪的效果了。

撕纸张造雪

幼儿的发现：

1. 撕纸要花很多时间。

2. 撕纸有一点浪费。

（二）揉棉花造雪

小希：棉花也很像雪，把棉花揉成小团团，再扔向空中，它们就会像一片片雪花飘落下来了。

揉棉花造雪

幼儿的发现：

1.棉花太轻了，飘得到处都是。

2.棉花都粘在大家的鞋子上、衣服上、头上。

3.虽然用棉花造雪很有趣，但是结束后保育员阿姨打扫了很久，这样阿姨太辛苦了。

（三）制作泡泡雪

小翰：白色泡泡很像雪，我们可以吹出很多泡泡，泡泡飘起来就像下雪一样。

制作泡泡雪

幼儿的发现：

1.吹泡泡真好玩，可是泡泡雪一会儿就消失了。

2.泡泡雪飞不起来，落在地板上很快就破了。

（四）用雪粉造雪

孩子们太喜欢堆雪人了，于是他们向爸爸妈妈求助。在爸爸妈妈的帮助下，他们通过查阅资料发现了一种神奇的制雪粉末，并在网购平台上买到了它。

拿到粉末后，孩子们立即开始了实验。他们按照使用说明将罐子里的制雪粉末倒入盆中，加入清水，翻动制雪粉末，让水完全被吸收。可是制雪过程并没有那么顺利，一开始有的孩子加太多水，有的孩子加的水不够，经过多次的调试，他们终于得到了一盆漂亮的白雪，并用它堆出了一个个可爱的小雪人。

用雪粉造雪

教师思考：

在造雪过程中，幼儿的情绪在不断发生变化，从兴奋到失落，从再次期待到充满疑惑，他们从未想过放弃，始终保持乐观的心态，不断尝试，期待实现下雪的愿望。他们善于观察生活，以象形之物模拟下雪场景，虽然与真实的雪景有着天壤之别，但是那份创意与喜悦让幼儿的内心变得充盈与满足。是不是真的下雪，似乎已不那么重要了，这就是承载美好愿望的生活给幼儿成长带来的价值所在。

故事二：一起来策划"玩雪嘉年华"

在尝试造雪后，孩子们又想：什么时候能下一场大雪，让我们在雪堆里

畅玩呢？于是，为了满足这个愿望，大家共同策划了一场"玩雪嘉年华"活动。

在精心准备了一段时间后，孩子们期待已久的"玩雪嘉年华"终于开始了。孩子们装备齐全，"盛装"出席，戴上帽子、围巾、手套，仿佛真的置身在冰天雪地里。大家朝着漫天"白雪"奔跑而来，兴奋不已，都纷纷尖叫：哇！老师，真的下雪啦！

"玩雪嘉年华"现场

锦茹：下雪可真美呀，我要在大雪里跳舞。

彦凯：雪落到我的脸上了，冰冰凉凉的，好舒服呀。

随着造雪机喷洒出大雪，孩子们满心欢喜、感叹不已，有的在雪里转圈圈，有的伸出双手接住白白的雪花，有的随乐舞动，跳起了优美的舞蹈。听到孩子们的尖叫声，教师们也激动地参与到活动中，和孩子们手拉手尽情游戏。

（一）打雪仗

孩子们手拿雪球，你抛向我，我抛向你，他们身手敏捷，嘴里还说道："看招！小心我的雪球！"

打雪仗

83

(二）堆雪人

孩子们用他们的小手堆小雪人，用扭扭棒做围巾，用纽扣做眼睛，用树枝做小手，用小花装饰，栩栩如生的小雪人仿佛正对着大家微笑。

堆雪人

（三）打冰球

孩子们把水冻成冰球，在桌面上玩起了打冰球的游戏，一来一回的撞击让孩子们无比激动。

睿泽：这也太好玩了吧，太刺激了，我的冰球滑得好快。

佳雯：我的冰球可比你的快多了，你能接住我的冰球吗？

打冰球

故事三：复盘"玩雪"这件事

（一）活动记录

活动结束后，小朋友们还沉浸在下雪的氛围里，许多孩子将美好的画面用自己喜欢的方式记录下来。

孩子们将"玩雪"体验用画笔描绘下来，并收藏进他们的成长手册里。大班幼儿纷纷感慨："在幼儿园的最后一年还能看到下雪，和中班的弟弟妹妹一起玩雪，真是令人难忘！""谢谢中班的弟弟妹妹，今天是我最开心的一天，打雪仗、堆雪人实在是太有趣了。"

家长们也在社交平台上分享了这场有趣的活动。

（二）分享心情

教师：实现愿望以后，你们有什么感受？

迪迪：这是我最开心的一天，雪也太好玩了吧，真希望每年冬天都能这么开心。

莹莹：很多老师加入了我们的活动，还和我们一起手拉手在大雪里转圈圈，太好玩了。

锦荣：今天有很多的老师和弟弟妹妹、哥哥姐姐和我们一起玩雪，真是太棒了。

沁芯：实在是太刺激了，就是有点滑，我还差点滑倒了呢！

教师：在实现愿望的过程中，你觉得最有趣的事是什么？

秉稷：我觉得我们用棉花造雪是最有趣的，我们身上沾满了棉花，我自己也变成了一个小雪人。

宁宁：幸亏我们没有放弃，我觉得"玩雪嘉年华"是最有趣的，我还堆了一个小雪人。

佳雯：我和小夕在大雪里你追我，我追你，我觉得太有趣了。

康康：我们幼儿园里竟然会下大雪，真是太神奇了，我们的愿望实现啦！

教师思考：

"玩雪嘉年华"在幼儿的一片欢声笑语中完美落幕了！这是一个愿望实现的过程，更是和好朋友共享喜悦和获得成就感的过程。在策划"玩雪嘉年华"活动时，幼儿始终是主动的，他们借助自己的经验，用自己的方式努力实现愿望。他们对美好愿望的执着感动着身边的每一个人。而教师则用最简单的聆听、最实在的记录，支持幼儿一个又一个的"特别行动"，帮助幼儿保留珍贵而又快乐的回忆。

课程感悟：

在成人眼里，闽南的晋江下大雪是一件几乎不可能发生的事，但幼儿却始终满怀期待。在本次课程中，教师没有告诉幼儿不可能下雪，而是选择倾听幼儿的声音，走进他们的内心，启发幼儿开动脑筋、探寻未知可能，这才让幼儿萌发了"造一场雪"这样新奇又别致的愿望。这一过程也让教师明白，课程生长的原点就在幼儿真实的生活里，隐藏在他们的内心世界里。唯有在倾听、观察中了解幼儿真正的需要与诉求，才能建构出真实、鲜活的课程。

在课程实践中，教师尊重幼儿的主体地位，让幼儿在活动中自主作出选择与判断。幼儿用积极、不气馁的生活态度面对"不可能"，通过集体商讨和多次实验确定造雪方案，最终实现玩雪的愿望。

本次愿望课程展现出幼儿富有蓬勃生命力和灵活创造力的学习者形象，让成人看到幼儿对生命成长的追求和努力，以及童年应有的精彩模样，更让成人看到愿望对幼儿成长的价值：助推幼儿不断创造、不断表达、不断发展。

（王明雅　黄丽燕）

中班课程故事《唱一首我们班的歌》

故事缘起：

每周升旗仪式上，全园幼儿都要齐唱园歌《水灵灵的梦想》。这首歌旋律活泼欢快，歌词灵动可爱，成了幼儿最喜欢的歌曲，他们常常在闲暇时间不由自主地哼唱。

一次园歌演唱比赛后，幼儿回到班级仍饶有兴致、哼唱不停。婧妤期待地说："盈盈老师，园歌太好听了，我们能不能也有一首班歌？""班歌？"这个特别的想法引起了其他幼儿的兴趣，他们纷纷围坐过来，开始热烈讨论起来。

精彩实录：

故事一：想有一首"我们班的歌"

班级幼儿婧妤从生活经验出发，提出"我们能不能也有一首班歌"的愿望，得到同伴的积极回应。教师意识到这或许是幼儿真实且共同的愿望，于是决定认真倾听，与幼儿展开详细交谈。

教师：为什么你们想要有一首班歌？

婉婷：因为幼儿园有园歌，我们班也要有一首班歌。

嘉航：有一首专属我们班的歌，我们就很神气啊。

逸宸：对对对，我们国家也有国歌，我们在每周升旗仪式上都唱国歌。

嘉航：运动员拿冠军了都要唱国歌，如果我们也有班歌，以后上台领奖就可以唱了！

子峻：解放军叔叔也有属于他们自己的歌，我们也可以编一首属于我们自己的歌。

城宇：没错！属于我们自己的歌就可以由我们自己做主了。

铂雅：我们要是有班歌，那就太酷了！我好期待！

教师：你们想要一首什么样的班歌呢？

逸宸：要一首很厉害的、很牛的歌。

梓颖：歌的内容肯定要关于我们中一班。

城宇：要节奏很欢快的。

雅萱：我觉得可以是温柔的，唱起来很优美，听起来很舒服的。

思潼：唱起来要有幸福感。

思贤：可以把让我们开心的事加进歌词里，就有幸福的感觉了。

子峻：可以把"中一班"编进歌曲里面，这样别人一听就知道这首歌是关于我们班的啦！

婉婷：对，只有我们中一班会唱，其他人都不会。

一阵热烈讨论后，教师明确了幼儿想要一首只属于中一班自己的、独一无二的班歌。

教师思考：

一首园歌让幼儿产生了想要拥有一首班歌的愿望。大家你一言我一语表达着自己对创编班歌的美好设想，希望借班歌记录下中一班的美好生活，期待班歌像国歌、军歌、园歌那般"厉害"。虽然愿望很美好，但教师却有些犹豫：中班的幼儿有能力编一首歌吗？虽然不确定，但看着热情高涨、跃跃欲试的幼儿，教师决定支持他们，也许幼儿真会带来别样的惊喜呢！

故事二：创编"我们班的歌"

（一）"我们班的歌"怎么编？

对于创编歌曲，幼儿都有哪些经验，需要给予怎样的支持，一时间本班教师也不是很确定，于是决定听听幼儿的想法和需求。

教师：你们打算怎么编一首班歌？

孩子们忽然被这么一问，没反应过来，你看看我，我看看你，好一会儿，终于有人发言了。

祺泽：要不，我们看看园歌是怎么编出来的？

其他幼儿觉得这个主意不错。教师顺势出示了园歌的歌谱，面对从来没见过的歌谱，幼儿的脑海中充满了疑问。经过一番猜测、讨论、交流后，教师向幼儿进行了简单的介绍，孩子们发现原来一首歌要由这么多部分组成，看来要编一首歌没那么容易。

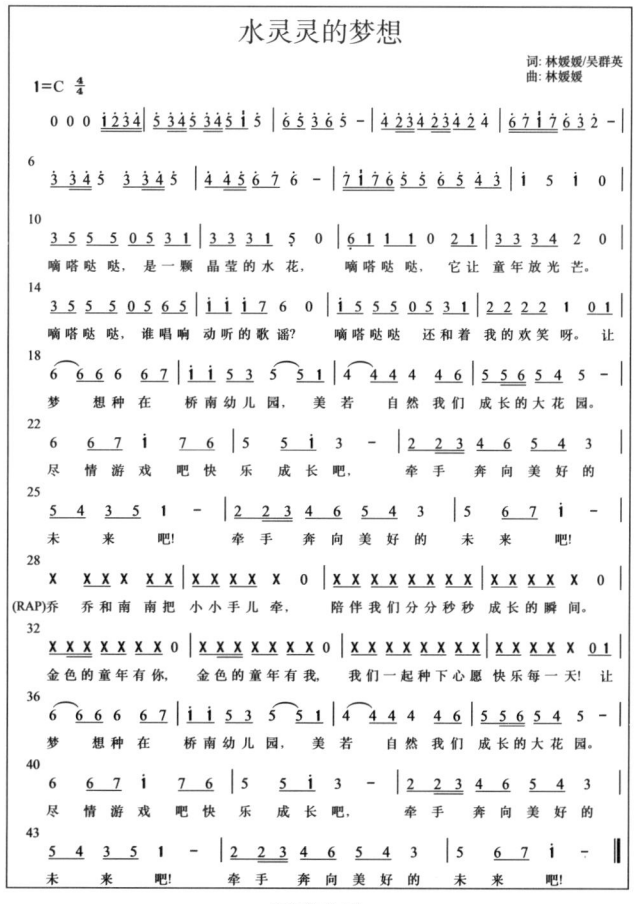

园歌歌谱

当幼儿发现园长参与编写了园歌时，他们决定去请教园长。

众幼儿：园长老师，园歌是怎么编出来的？

园长：怎么，你们想学这个本领？

婧妤：我们想编一首我们班自己的歌。

园长：哇！这么有创意啊！

园长：一首歌包含旋律和歌词，园长老师只参与了编歌词。

子峻：那旋律是谁编的？

园长：编旋律，园长老师也不会，是一位比园长老师厉害很多很多的阿姨帮我们编的。

园长向幼儿介绍园歌

子峻：啊？比园长老师厉害很多很多的阿姨……

幼儿听了园长的话，都陷入了沉思，显得有些沮丧。子峻嘟着小嘴巴说："编旋律那么难，园长老师都不会，我们小朋友更不行了。"

园长老师看出了孩子们的心思，鼓励道："你们要编一首班歌的想法很了不起！园长老师很佩服你们的勇气。编旋律有困难，编歌词可以吗？"

众幼儿答道："可以的，可以的！"

孩子们又兴奋地欢呼起来。这时，婧妤想到了一个妙招，大声说："园长老师，我有一个办法，我们可以用园歌的旋律，唱我们自己编的歌词吗？就像哥哥上音乐课唱歌时加自己喜欢的歌词那样！"

在场的小朋友都觉得这个办法很好，给婧妤竖起了大拇指。

园长老师很惊喜，这群小机灵鬼竟然想"偷梁换柱"！便也欣然同意："可以啊，园长老师很期待喔。"

（二）"我们班的歌"可以唱什么？

采访完园长，幼儿满心兴奋地回到班级，带着创作的热情，开始讨论起"我们班的歌"可以唱些什么内容。教师决定从最熟悉的园歌入手，给予大家灵感启发。于是，教师和幼儿再次欣赏起园歌《水灵灵的梦想》，让幼儿更加直观全面地认识和感受歌曲的内涵。

1. 赏析园歌，了解歌词内涵。

教师：你们知道园歌唱了什么内容吗？

嘉航：唱了桥南幼儿园很美，像一个大花园。

思妤：唱了小朋友做游戏，还手牵手，很快乐。

钲浩：唱了乔乔和南南把小小手儿牵。

熙航：还唱"嘀嗒哒哒"。老师，"嘀嗒哒哒"是什么意思呀？

嘉航：是水滴下来的声音吧。

教师：是的，水滴下来，还溅起一朵朵晶莹的水花。

子涵：对呀，我们经常玩水游戏，还有泼水节我最喜欢了。

通过对园歌的赏析、理解，幼儿发现，原来，园歌是把幼儿园里最有特色的东西都编进去了，有吉祥物乔乔南南、有大家最喜欢的水游戏，还把大家在幼儿园里发生的有趣的事、老师和小朋友们的愿望都写进去了。

2. 头脑风暴，讨论班歌内容。

禛泽：那"我们班的歌"可以唱些什么内容呢？

雅萱：园歌是唱幼儿园的，班歌就是唱我们班的喽。

梓颖：当然是唱班级好的地方啊，我们的班级很漂亮，有很多好玩的玩具。

思贤：可以唱让我们开心的事，玩游戏啊，做运动啊。

宇晟：可以把好吃的午餐、点心也唱进去吗？

泽炫：可以唱我和好朋友一起搭积木、玩水区喷泉游戏真开心。

嘉航：我想把大家的愿望都编进我们的班歌里。

婧妤：还可以唱小朋友们很可爱，哈哈哈……

舒心：可以唱我们很帅气。

以晴：女生也要唱进去，男生、女生都要唱进去。

钲浩：那就把中一班所有的人都唱到歌里，老师、阿姨也要。

子峻：我们就是一个很团结的中一班。

就这样，迁移园歌的编写经验后，孩子们懂得了一首歌曲里可以藏着多个精彩动人的故事，班级里一切美好的人事物都可以编进班歌里，教师对大家的发现给予了充分的肯定。

教师思考：

自编歌曲旋律很难，本以为这一困难会让幼儿打起退堂鼓，他们却迁移经验想到用保留园歌旋律、自编歌词的方法来创编班歌。接下来大家把注意力集中在这首歌的歌词要唱什么内容，幼儿想到歌里要唱出班级的各种"好"，夸班级、夸自己、夸朋友、夸老师和阿姨，一个都不落下；想到要唱出班级生活中一切好玩的游戏、有趣的事情……从这些想法中我们能看出幼儿十分热爱幼儿园生活、热爱班级。在他们的眼里，中一班充满了美好，正因为有了这种美好才能孕育出幼儿美好的心灵。

（三）"我们班的歌"歌词创编进行时

1.积累经验，探究仿编秘诀。

幼儿分小组讨论创编歌词时发现，大家容易对一件小事描述过多，语言显得啰唆。看来，改编歌词对于中班的幼儿来说难度较大，更别说对仗、韵律等了。在大家遇到瓶颈时，教师适时给予了支持，以诗歌《春雨》为例，引导幼儿再次感受诗歌的语言美和意境美，并让幼儿运用诗歌中的句式进行仿编。

通过诗歌仿编，大家发现，仿编可以保留原诗中的一些词，仿编的句子和原诗句子的字数要相同。

2.迁移经验，尝试改编园歌。

有了仿编诗歌的经验后，幼儿有了新想法，他们是这样说的：

子毅：可以把园歌里的词换成我们自己喜欢的词。

辜睿：对，可以把"桥南幼儿园"换成"中一班"。

思潼：字数要和原来一样多，和园歌一样有节奏，唱起来才好听。

逸宸：我们可以不用全部改掉，像编《春雨》一样，留住原来的一些词。

教师：那你们觉得哪些词可以不用换？

婉婷：我觉得"嘀嗒哒哒"很好听，可以不用换。

梓鑫：我觉得"尽情游戏吧快乐成长吧"也不用换，我们本来也想把小朋友快乐地玩游戏编进去的。

以晴：我想把"乔乔和南南把小小手儿牵"改成"我和好朋友把小小手儿牵"。

舒心：不是说男生女生都要唱进去吗？那就改成"男生和女生把小小手儿牵"。

……

孩子们说着说着，越来越有灵感，经过反复商讨后，他们达成共识：要把"中一班"唱出来，歌词里还要有班级的老师、小朋友；保留园歌的部分内容。经过讨论，他们确定了需要改编的内容，并将要填词的部分用横线进行表示，具体如下：

嘀嗒哒哒，＿＿＿＿＿＿。嘀嗒哒哒，＿＿＿＿＿＿。嘀嗒哒哒，谁唱响动听的歌谣？嘀嗒哒哒，还和着我的欢笑呀。让梦想＿＿＿＿＿＿，＿＿＿＿＿＿。尽情游戏吧快乐成长吧，牵手奔向＿＿＿＿＿＿！牵手奔向＿＿＿＿＿＿！＿＿＿＿＿＿把小小手儿牵，＿＿＿＿＿＿。＿＿＿＿＿＿有你，＿＿＿＿＿＿有我，＿＿＿＿＿＿！

3. 以图代字,记录歌词内容。

画好横线以后,孩子们感觉填词容易多了。他们反复尝试,尽量把想唱的内容编进去,但很快他们又发现了新问题:小朋友不认识字,想出来的歌词不会写,老师写的也看不懂,歌词编出来以后很快就忘了。经过讨论,他们决定把歌词用绘画的形式记录下来,这样大家就能看得懂了。

对于"画歌词"的形式,孩子们可来劲了,他们利用区域活动、自由活动等时间把自己想编的歌词画下来,并贴在歌谱上合适的位置。

"我和好朋友一起玩水游戏":

"我们会唱好听的歌谣":

课程故事

"快乐的水流声"：

"我们都很帅气"：

"我们有各种各样的愿望"：

"我们一起手拉手"：

4. 筛选内容，确定班歌歌词。

大家各自创编着歌词，但这么多歌词，该选哪些呢？犯难之时，有幼儿提出了建议："我们可以用'点兵点将'的办法。"

嘉航：不好，可以举手投票，少数服从多数。

子俊：可以用抽签的方法，抽到谁就唱谁编的歌词。

俊辰：我们可以让每个人都把自己编的歌词试唱一下，然后把好听的留下来啊。

辜睿：我同意！

孩子们纷纷上台，将自己编的歌词尝试哼唱出来，班级里响起了一阵阵的欢笑声……

试唱过程中，幼儿发现：虽然小朋友们知道编的歌词要和原来的字数一样多，但是唱的时候字数总是对不上。

经过集体讨论，他们决定采用做记号的方式比对字数：有几个字，就做几个记号，边唱边做记号，做完记号后进行对比，就知道是多了字还是少了字了。

嘀嗒哒哒，_____，嘀嗒哒哒，_____。

幼儿通过做记号的方式比对字数

经过反复试唱，斟酌比较，大家共同选出了最合适的歌词，班歌的歌词初具雏形了！

有了歌词，还得有个歌名，大家更是迫不及待出起了主意。

城宇：歌曲很美，中一班也很美，就叫"美妙中一班"吧！

逸宸：我觉得这首歌的歌词很温暖，可以叫"温暖中一"。

梓鑫：我觉得叫"闪亮亮的中一班"很好听。

婉婷：我们中一班，很友好，可以叫"友爱的中一班"。

孩子们畅所欲言，积极踊跃地给自己编的歌取名，最后大家以投票的形式表决，"闪亮亮的中一班"以高票胜出。

闪亮亮的中一班

嘀嗒哒哒，是一个有趣的班级。嘀嗒哒哒，它让我们更帅气。

嘀嗒哒哒，谁唱响动听的歌谣？嘀嗒哒哒，还和着我的欢笑呀。

让梦想种在三楼教室里，温暖有爱我们成长的大家庭。

尽情游戏吧快乐成长吧，

牵手奔向美好的中一班！牵手奔向美好的中一班！

男生和女生把小小手儿牵，老师和阿姨陪伴我身边。

快乐的班级有你，快乐的班级有我，

我们一起许下愿望共同实现吧！

5. 发现问题，及时修改。

班歌受到了孩子们的喜爱，无论是在区域活动、游戏，还是自由活动中，都能听见孩子们在哼唱。

子涵：老师，我们老是忘记示意图表示的是什么歌词，总是唱错。

子峻：请老师帮忙把歌词写出来吧。

楷杰：可是我们也不认识字啊，写出来也看不懂。

国炫：我记得老师教我们学唱新歌时，用符号图谱表示歌词，我们就看得懂、记得住歌词了。

子峻：那我们也来画符号图谱，这样大家就不会唱错或忘记了。

于是，教师组织幼儿一起讨论，要怎样把每一幅画变成更形象直观的符号图谱，让大家都看得懂。经过讨论和绘制，一幅生动形象的歌词图谱诞生了！

幼儿画的班歌示意图

闪亮亮的中一班

幼儿绘制的歌词图谱

这份图谱特别受孩子们的欢迎，可是图谱只有一份，大家一起看的时候特别拥挤，俊辰提议可以多做几份放在音乐区，这样想唱的小朋友就可以到音乐区和同伴一起唱。

幼儿在音乐区演唱班歌

教师思考：

"天下无难事，只怕有心人。"幼儿在努力实现愿望的过程中展现出的力量令人赞叹。编歌的过程中出现种种困难，且难度系数不断增大，但幼儿积极想办法克服，在学习仿编句子—改编歌词—筛选内容—确定歌词的过程中，他们始终锐气不减，勇于战胜困难，最终成功地实现愿望。这一过程也让大家看到了愿望能够赋予幼儿成长无限的力量。

故事三：唱响"我们班的歌"

（一）讨论：想唱给谁听？

中一班的班歌《闪亮亮的中一班》编写成功了，孩子们充满了自豪感，整天乐此不疲地唱着这首自己编的歌。除了在班级里唱，还可以唱给谁听呢？他们用绘画的形式表达了想法。

唱给其他班的小朋友听 　　　　　　　唱给弟弟妹妹听

唱给园长听 　　　　　　　　　　　唱给爸爸妈妈听

那么怎样才能让更多的人听到这首班歌呢？经过讨论，大家一致决定利用周一国旗下表演的时间展示班歌，让全园的小朋友、校门外的爸爸妈妈和爷爷奶奶都能听到。

（二）策划：该如何展示？

孩子们觉得，要表演给这么多人看，得好好准备一下，才能"完美展示"。于是，大家开始热火朝天地策划起来……

1. 服装设计。

女生穿漂亮的裙子 　　　男生穿很酷的服装 　　　穿园服

2. 道具设计。

星星棒 　　　泡泡机 　　　气球

花球 　　　沙锤

3. 队形设计。

各式各样的队形

4. 动作设计。

各式各样的动作

一切设计好后，大家就排练起来。排练的过程中，也遇到了不少问题。

问题1：服装不整齐，每个人都穿自己觉得最漂亮的服装，但是全班站在一起时看起来不整齐，显得不好看。

解决办法：统一穿园服，这样看起来整齐大方。

问题2：道具太多，表演中途还要换道具，动作就不整齐，影响表演效果。

解决办法：统一用手腕花。

问题3：变换队形不方便，站在椅子上的小朋友不方便变队形，上上下下容易摔倒。

解决办法：站在椅子上的小朋友保持队形，做手部动作就好。

（三）展示：成功表演

幼儿自信地站在操场上演唱，表演很成功，观众给了中一班幼儿热烈的掌声，校门外的家长也笑开了花。

扫一扫，观看表演视频

（四）分享：我们有话说

教师：今天的表演，你们觉得怎么样？

嘉航：刚才唱班歌的时候我觉得我们好神气，我唱得特别大声。

子峻：我们唱歌的时候所有的人都好安静地听，说明我们唱得太好啦！

城宇：没错！我也觉得我们特别棒！

（五）获赞：爸爸妈妈表扬啦！

教师将中一班的班歌表演小视频分享到班级微信群，爸爸妈妈看了，纷纷给小朋友们点赞。

教师思考：

从唱给自己听到唱给大家听，班歌展示展现了幼儿敢于在集体面前表现自我的勇气。排练过程中，幼儿为完美呈现这首自己编的歌，不断练习，分析问题，调整优化，教师看到了幼儿认真对待、主动学习、不怕困难、追求完美的宝贵品质。

课程感悟：

当幼儿提出想要编一首属于自己的班歌时，教师最初并没有重视，认为这不就是寻常的音乐创编游戏吗？但守护幼儿愿望的教育主张提醒了教师，让教师决定沉下心来好好倾听幼儿的愿望，辨析愿望背后的潜在价值。编班歌不仅能帮助幼儿积累丰富的创编经验，更能激发幼儿的集体荣誉感、归属感。于是教师转变观念，给予幼儿尊重和肯定，鼓励并支持其大胆尝试，这才有了一首属于幼儿自己的班歌——《闪亮亮的中一班》。

创编班歌的过程中，无论遇到什么困难，幼儿都积极想办法解决，他们想到保留旋律自编歌词、绘制图谱表达歌词等方法。幼儿在一次次战胜困难后变得更加自信、充满能量，让人不禁感叹，幼儿是有能力的学习者！

当大家讨论班歌歌词该如何设计时，幼儿联系生活述说故事，表达着自己对集体、对生活的热爱，他们以最稚嫩纯真的话语倾诉着对教师、同伴的感情。在交流过程中，幼儿也曾说起自己的不安，也会表达对未来的希冀，这些都让教师感受到幼儿内心的丰盈、情感的细腻。他们在实现愿望的过程中追寻美好、传递美好。

"唱一首我们班的歌"的愿望滋养了幼儿的心灵，同时也启示着成人，倾听幼儿的心声，关注并尊重幼儿的愿望，给予他们适当的支持和引导，以促进幼儿的全面发展。

（林盈治　卓玉玲）

中班课程故事《来一场"草坪音乐会"吧！》

故事缘起：

班级音乐表演区一直备受欢迎，每次区域活动幼儿都有非常强烈的表演欲望。学期初，幼儿收集了很多服装和乐器，教师将它们投放到了音乐表演区。一次区域活动时，《开心歌》音乐响起，只见哲熙拿着木鱼随乐敲打，煜祺看到了也拿起响板加入其中，晨晞见状拿起了三角铁也加入他们……幼儿拿着各种乐器随乐演奏，欢快的氛围引来了老师和其他小朋友的驻足观看，这下他们演奏得更认真、更卖力了。音乐结束后，幼儿仍意犹未尽地讨论着乐器演奏的话题。

哲熙：刚才我们的演奏，好多人来看呀！

晨晞：我用三角铁伴奏，好好听。

一诺：你们刚才的演奏好棒啊！还用了不同的乐器，就像开音乐会一样。

哲熙：对呀，下次我们还要来一场更盛大的音乐会！

哲熙的倡议引起了大家的关注，幼儿热烈地讨论起来，越来越多人加入其中。

雅涵：开音乐会，也太牛了吧！要表演很多节目的。

弘文：会唱歌的、会跳舞的、会演奏乐器的小朋友都可以来表演，我们大家都可以参加。

奕博：那就太热闹了，其他班的小朋友一定很羡慕我们。

举办一场音乐会成为了大家共同的期待……

教师思考：

一次音乐表演区的演奏让幼儿萌发了"办一场班级音乐会"的愿望。他们热烈地讨论着，兴奋地展开各种想象，表达出向往之情和热切期待。教师深知办一场音乐会没有那么容易，但是"相信"战胜了"犹豫"，还是选择尊重幼儿的想法，以办音乐会为契机，支持幼儿在实现愿望的过程中收获不一样的成长经验。

精彩实录：

故事一：音乐会初印象

哲熙办音乐会的想法，激发了大家的兴趣，那音乐会是什么样子的呢？在家长的带领下，幼儿通过绘本、电视、网络、现场观赏等渠道丰富了关于音乐会的认知。幼儿将所见所闻在班级中分享，为举办音乐会积累经验。

教师：你见过的音乐会是什么样的？

晨晞：台上有很多人在表演，台下有很多人在观看。

弘文：有很多人在台上一起唱歌跳舞。

雅涵：妈妈带我去看过音乐会，有人在台上边弹钢琴，边唱歌。

逸阳：我看过的音乐会是有好多哥哥姐姐在弹吉他，边弹边唱，可好听啦。

弘文：我看到的是有很多人在一起演奏不同的乐器，前面还站着一个指挥的人。

一诺：我看过钢琴音乐会，台上有一架很大、很漂亮的钢琴，跟我们班级的钢琴不一样，有三只脚。有一个人弹的节目，还有两个人一起弹一架钢琴的节目，真有意思！

奕博：爸爸妈妈带我看过音乐会，很多演员用各种乐器演奏，全场都跟着唱起来了，表演得太好了，观众的掌声好热烈，我也跟着大声唱出来了，好激动啊！

通过分享交流，幼儿对音乐会建立了较直观的感知，并对举办音乐会产生了更加浓厚的兴趣。

教师：你们想要办一场什么样的音乐会呢？

哲熙：我想办一场可以让大家一起在台上唱歌的音乐会。

奕博：我想办一场可以让我和我的好朋友一起上台跳舞的音乐会。

杵宇：我希望舞台上有彩虹色的灯光，一定会很漂亮的。

弘文：我想要一场有很多节目的音乐会，这样就会很热闹。

晨晞：音乐会的演员要化妆，大家都要美美的。

教师：办一场音乐会需要作哪些准备呢？

雅涵：要准备话筒，这样唱歌、讲话的声音才能让大家都听得到。

杵宇：需要搭舞台，有背景、有灯光，在台上表演才好看。

逸阳：需要准备演奏用的乐器。

奕博：需要准备节目，还要练习才能表演得好。

晨晞：需要准备化妆品和美丽的服饰。

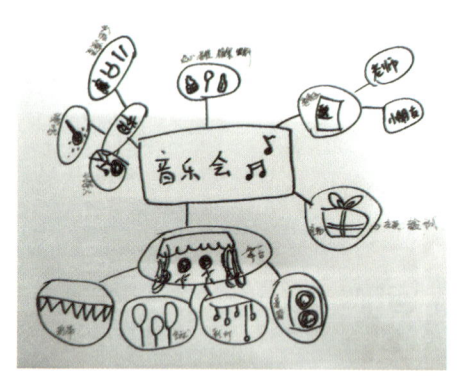

梳理音乐会的准备工作

教师思考：

幼儿想自己办一场音乐会——一场热热闹闹、大家都能上台表演的音乐会。幼儿能主动提出设想，说明他们有期盼、有信心，这正是一次很好的教育契机。举办音乐会能让幼儿的多方面能力得到锻炼，还能丰富幼儿关于音乐会的知识经验。幼儿有美好的愿望，教师理应守护、理应支持，不管音乐会成功与否，幼儿在经历的过程中定能收获有益的经验。

故事二：音乐会筹备

（一）我来报名啦

教师：音乐会你们想表演哪些节目？

瀚柏：唱歌。

杵宇：我们可以和叔叔阿姨一样，演奏乐器。

教师：那你们都会哪些乐器呢？

柏任：可以打大鼓和小鼓吗？升旗的时候大班哥哥姐姐敲的那种。

吴允：我和逸阳、境明，还有煜祺都学了尤克里里，我们可以一起表演。

教师：那一定是一个很不错的节目，还有其他小朋友会乐器吗？

林薇：老师，我们可以用响筒和手摇铃来演奏，我们上次学过打击乐演奏。

教师：对，我们上次用打击乐器演奏《布谷鸟》，这个节目可以多邀请一些小朋友一起上台演奏。

林薇：可以呀！我也想参加。

师幼讨论

经过讨论，幼儿决定表演两类节目：唱歌和演奏。孩子们想参加哪个呢？教师将选择权交给幼儿，鼓励他们根据自己的表演兴趣和能力来选择自己想要演出的节目。

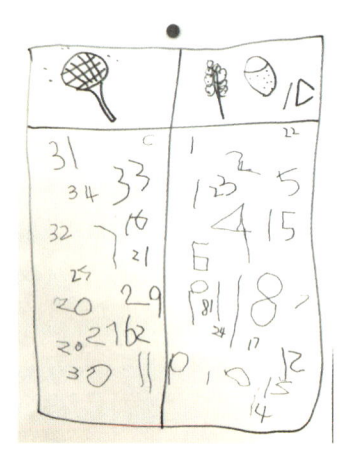

幼儿自主选择演出内容

(二) 节目单制作

在幼儿自主选择参演节目类型后，他们又自由选取并确定了最终演出的曲目，并根据曲目制作了节目单。

(三) 音乐会倒计时

教师：大家想在什么时候举办音乐会呢？

瀚柏：我想要在晚上开音乐会，我看过的音乐会都是在晚上开的，有灯光就很好看。

允榛：晚上小朋友都回家了，还是在白天吧。

林薇：不然星期三吧，那天是我生日。

杵宇：过两天就元旦了，我们可以在元

音乐会节目单

旦那天开音乐会。

明哲：只有两天时间了，我们都还没准备呢，会来不及的。

杵宇：要不我们排练好了再开吧，在放寒假前开就行。

柏颖：对呀，放寒假就快到春节了，可以当成春节音乐会。

煜祺：要不我们就定在这学期的最后一天开音乐会吧，这样我们才有更多的时间排练。

明哲：我们制作一个倒计时标志，提醒大家抓紧时间准备音乐会吧！

制作倒计时标志 　　　　　　　　音乐会倒计时

（四）节目排练

幼儿自发组成节目小组，利用区域活动时间、自由活动时间抓紧排练演出曲目，有的在表演区里练习，有的在走廊练习，排练氛围特别浓厚。但是在练习的过程中，他们遇到了一些问题。

问题1：打击乐演奏时，演员没有认真听音乐的节奏，自己乱敲不好听。

解决办法：音乐开大声一点，乐器敲小声一点；大家集中注意力，跟着音乐的节奏来演奏。

问题2：打击乐器种类太多，声音听起来很杂乱。

解决办法：不能同时敲打所有乐器，要分批打；减少一些乐器；根据不同的歌曲，选择不同的乐器，这样搭配起来更好听。

问题3：小组排练时经常有人请假，没办法合练。

解决办法：给请假的人空一个位置，其他人照常排练；可以请其他组的小朋友临时代替请假的人，排练就能继续进行了。

在幼儿的一次次练习中，节目效果越来越好了。

节目排练

（五）主持人选拔

佳妍：老师，我们的音乐会还需要有主持人。

教师：对，那你们知道主持人的主要任务是什么吗？

佳妍：主持人要拿着话筒说话。

芳怡：主持人要告诉观众接下来要表演什么节目。

林薇：主持人还要提醒下一个节目的演员作好准备。

教师：你们说的都对，那你们对主持人有什么要求吗？

佳妍：主持人说话要大声，大家才能听清楚。

林薇：主持人要穿很漂亮的服装。

杵宇：主持人需要很勇敢，站在台上讲话不能害怕，我就不敢。

柏颖：主持人要有很多个吗？我想试一试。

教师：还有谁愿意来当主持人？

班上竟然有 12 个小朋友争着要当主持人,到底选谁呢?最终孩子们决定开展主持人竞选。于是,教师把竞选音乐会主持人这件事发布到班级家长群里,希望家长鼓励与帮助幼儿参加竞选。

竞选当天,有备而来的小主持人们纷纷上场,最后由全体幼儿投票选出了音乐会的小主持人。

主持人竞选

票选主持人

教师思考:

幼儿并没有音乐会的筹备经历,教师陪伴幼儿一起讨论各个环节的筹备工作,有助于幼儿丰富音乐会的相关经验。幼儿主动报名参加音乐会、制作节目单、参与竞选主持人,在排练时能够发现问题、解决问题,从中可以窥见愿望课程对幼儿成长的促进作用。

故事三:音乐会彩排

一周后,在教师的提议下,幼儿对音乐会进行了一次彩排。彩排结束后,教师与幼儿一起复盘,发现了如下问题:表演不熟练、音乐声音太小、节目太少、场地太小、没有观众。面对这么多问题,孩子们又该怎么解决呢?

(一)节目征集

教师:节目太少了,怎么办?

梓宸:可以多排练几个节目,我们想要好多好多节目,这样就会更热闹、更开心了。

雅涵:我们可以邀请老师、阿姨一起来表演节目呀!

教师:这是个好主意。

汉森:我们还可以邀请其他班的哥哥姐姐、弟弟妹妹来表演节目。

教师:如果可以的话就更棒了。

梓宸:可是,我们不知道别班的小朋友谁会演奏乐器呀?

汉森:老师,我们可以去每个班问一下吗?

柏颖:我们给他们发一份调查表吧。

这个办法得到了大家的赞同,幼儿开始设计调查表,分组到各个班开展调查。在调查过程中,幼儿尝试着与其他班的老师、小朋友大胆交流,学会了交往的小技巧。

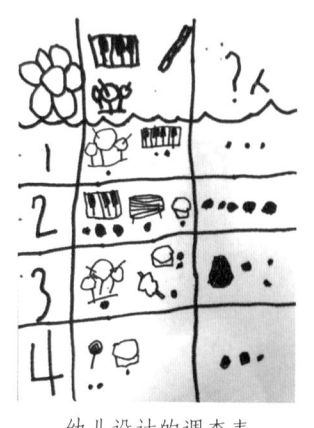

幼儿设计的调查表

幼儿分组调查

经过调查，幼儿了解到每个班有哪些小朋友会演奏乐器。那邀请谁来参加音乐会呢？

逸阳：我想邀请会打架子鼓的姐姐来参加，因为我也想学架子鼓。

奕伊：我想看葫芦丝表演，因为我没看过。

弘文：老师，我看过古筝表演，声音很好听，我们可以邀请会弹古筝的小朋友来参加。

恩霈：我想邀请会弹钢琴的小朋友来参加。

梓宸：我想邀请幼儿园里所有会乐器的小朋友都来参加我们的音乐会，这样节目就有很多，就更热闹了。

梓源：我们还可以邀请其他班级的老师参加，他们肯定都会乐器。

逸阳：对，园长老师肯定是最厉害的，我们邀请她来参加我们的音乐会吧！

热烈讨论后，幼儿决定设计音乐会邀请函，分发给想要邀请的嘉宾。

设计邀请函　　　　　　　　　分发邀请函

（二）场地选择

这么多人要来参加音乐会，班级场地太小了，幼儿园里还有哪些场地适合举办音乐会呢？

教师：你们喜欢在哪里开音乐会呢？

奕伊：在操场上，那里场地最大。

吴允：操场风太大了，在多媒体教室吧，里面还有漂亮的灯光。

柏颖：我觉得在"中央草地"上最好，那里有新建好的滑滑梯。

梃煊：在泳池里面演奏，一定会很开心的。

幼儿经过实地考察、分析讨论、投票表决，最终决定在"中央草地"上举办音乐会。因为那里场地够大，可以容纳很多人；没有操场风那么大；有新滑梯当背景很漂亮；在草地上举行，可以让更多人看到表演。幼儿还给这场音乐会取了个名字——"草坪音乐会"。

确定"中央草地"为演出场地

（三）场地布置

场地确定好了，但是场地太空旷了，幼儿想出了许多装扮场地的方案，并用绘画的形式记录下来。

幼儿设计演出场地装扮方案

117

幼儿通过投票确定了场地装扮方案后,大家一起动手布置起来。

幼儿合作布置演出场地

教师思考:

音乐会的彩排出现诸多问题,并没有浇灭幼儿举办音乐会的热情。教师帮助幼儿把问题罗列出来,逐一想办法解决。在解决问题的过程中,幼儿的积极性越来越高,也越来越投入,越来越期待他们的音乐会能够早日举行。从中,我们可以看到幼儿的坚持与努力,对实现愿望的向往与追求。

故事四:"草坪音乐会"开演啦

在幼儿的合作和努力下,音乐会各项工作准备就绪,期待已久的"草坪音乐会"终于开演啦!

(一)"草坪音乐会"进行时

幼儿盛装出席,个个落落大方、充满自信地上台表演。音乐会还邀请了很多别班的小朋友参与演出,园长也带领很多老师参与表演节目。动听的歌声、乐器声传遍了整个幼儿园,其他班的老师、小朋友都来看表演了。

音乐会演出现场

（二）复盘"草坪音乐会"

教师：举办完音乐会，你们有什么感觉？

煜祺：真的好开心啊，跟好朋友一起唱歌、一起演奏，大家都来看我们的音乐会。

逸阳：太热闹了，我好激动啊，那么多人来看我们的演出。

奕伊：刚开始上台我有点害怕，看到老师们对我笑，还竖大拇指，我就不害怕了。

雅涵：我们今天的服装好整齐，好漂亮，我很喜欢。

梓源：我觉得我们今天的表演很好，我听到很多掌声。

弘文：园长老师她们的节目也很精彩，又演奏又跳舞，真是太特别了。

逸阳：园长和老师们的杯子演奏曲，我也想学一下。

恩霈：我好想再表演一次，可以让爷爷奶奶、爸爸妈妈也来看一看。

教师：这么美好的瞬间，老师都已经录像了。我们可以把视频传到微信群里，让爷爷奶奶、爸爸妈妈也来欣赏我们的"草坪音乐会"。

教师：在实现愿望的过程中，你们学到了哪些小本领？

杵宇：我觉得我变勇敢了，我大声唱歌不害怕了。

林薇：我学会了粘气球、布置场地。

奕伊：我学会了主持节目，不过今天还做得不够好，有一点害怕。下次我要变得更勇敢一点，小朋友们要多给我掌声哟。

吴允：我学会了设计表格，那个调查表是我画的。

哲熙：我学会了和梃煊配合演奏打击乐器，我们一起上台表演好开心。

泽铭：我学会了敲大鼓，我在音乐会上敲了大鼓，超级开心的，我想成为一位大鼓演奏家。

音乐会结束后，孩子们还将这美好的画面用绘画的方式记录下来。

幼儿以绘画形式记录音乐会

其他年级的幼儿在参与了"草坪音乐会"后，也纷纷表达了自己的感受。

大班的幼儿说："中班的弟弟妹妹太棒了，草坪音乐会好特别啊！""在幼儿园的最后一年，还能欣赏到弟弟妹妹的音乐会，真是太开心了。""在音乐会上，有的小朋友唱歌，有的演奏乐器，还有好多老师和小朋友们一起观看，真的太好听、太热闹了。"小班的幼儿说："哥哥姐姐的音乐会太棒了，铃鼓和大鼓的声音真好听！"家长也通过视频观看了这场活动，在社交平台上发表了对活动的感受。

教师将这些对音乐会的评价传达给了幼儿,让幼儿感受到他人的赞扬与肯定,同时也从这些评价中发现问题,在今后的活动中进行改进。

教师思考:

一场由幼儿自主策划的"草坪音乐会"完美落幕了。在愿望课程实施过程中,幼儿始终兴趣浓厚、积极参与。园长和其他班级小朋友的支持让幼儿更好地实现了愿望。"草坪音乐会"的成功举行,给予了幼儿极大的鼓励,让他们看到了自己努力的成果,从而充满了成就感。那一句"我学会了敲大鼓,我在音乐会上敲了大鼓,超级开心的,我想成为一位大鼓演奏家"让我们看到了愿望对儿童成长的价值与意义。

课程感悟:

幼儿是天生的艺术家。他们热爱艺术,萌生了举办"草坪音乐会"的愿望。音乐会的成功举行,幼儿的出色表现,展现了他们的艺术天分。教师陪伴支持幼儿实现愿望,让幼儿充分发挥艺术创造力,促进幼儿的艺术潜能进一步发展。

幼儿是主动的学习者。为了让音乐会更加成功,幼儿想尽办法解决问题,提升演出效果。他们主动学习做好每一件事情,交往能力、合作能力、解决问题的能力都在实现愿望的过程中得到了极大的发展。

一场"草坪音乐会"实现了大家的"音乐梦",温馨亦浪漫。相信这只是开始而不是结束。让我们继续期待,幼儿的愿望里又会出现什么样的奇思妙想?让我们做一个幼儿美好愿望的守护者,和孩子一起幸福地过日子,陪伴他们幸福成长吧。

(叶惠芳 庄文珍)